Spanish for Law Enforcement

Second Edition

Ana C. Jarvis
University of California, Riverside

Walter Oliver
*California State College,
San Bernardino*

D. C. Heath and Company
Lexington, Massachusetts   Toronto

International Standard Book Number: 0-669-06707-5

Spanish for Law Enforcement, Second Edition, presents the specific vocabulary and situations needed by people who are working in the law enforcement field. Each lesson in this manual parallels the same lesson in the core text, *Basic Spanish Grammar.* The text presents students with the explanation of a grammatical structure; the manual drills them in the practical application of that structure.

Realistic, practical dialogues present the different situations that law enforcement personnel encounter in the course of their work. Besides the dialogue, each lesson contains the following:

1. New vocabulary used in each lesson
2. Dialogue recall exercise, to help the students learn the dialogue
3. Grammatical structure exercises, which drill important points together with new vocabulary
4. Question-Answer exercises
5. Dialogue completion exercises
6. Situational exercises, which emphasize the different situations that are normally encountered by law enforcement personnel
7. "You're On Your Own," a role-playing activity that gives students the opportunity to enact situations similar to those they will encounter in the course of their work
8. Vocabulary Expansion, a section that presents additional words and expressions that are relevant to the situation presented in the dialogue
9. A vocabulary exercise designed to drill the words and phrases presented in the Vocabulary Expansion

A section on vocabulary review occurs after every five lessons. A Spanish-English, English-Spanish vocabulary appears at the end of the book. An audio program consisting of seven cassettes accompanies this workbook. It contains the dialogues, recorded with pauses for repetition, and vocabulary practice exercises.

In this second edition, we have made changes in the dialogues that parallel the changes that were made in the second edition of *Basic Spanish Grammar.* All words used both in *Basic Spanish Grammar* and in *Spanish for Law Enforcement* have been included. The words and expressions which appear in the Vocabulary Expansion are included in the Vocabulary Review, since they are important for police work.

Spanish for Law Enforcement and *Basic Spanish Grammar* mark a departure from conventional language textbooks. All elements necessary for communication within the law enforcement field—vocabulary, dialogue, prototypes, and situations—are fully integrated, with the corresponding grammatical foundation presented in the program's core text.

The authors wish to express their appreciation to Officers Ron Schwenka and Jim Sheppard of the San Bernardino Police Department, and to Officer David Chavez of the California Highway Patrol, for their advice and help in the preparation of this book.   We also want to express our gratitude to the Modern Language Staff of the College Division of D. C. Heath and Company for its assistance and encouragement during the preparation of this program.

Ana C. Jarvis
Walter Oliver

CONTENTS

Lesson 1

En la estación de policía

Al teléfono.

RECEPCIONISTA	—Estación de policía, buenos días.
SR. VERA	—Deseo denunciar un robo.
RECEPCIONISTA	—¿Quién habla?
SR. VERA	—Habla Carlos Vera.
RECEPCIONISTA	—¿Número de teléfono, por favor?
SR. VERA	—313-7894.
RECEPCIONISTA	—¿Domicilio?
SR. VERA	—Avenida Juárez, número treinta y ocho.
RECEPCIONISTA	—Un momento, por favor. Ud. necesita hablar con el sargento Viñas, de la Sección de Robos.

Más tarde.

SR. PÉREZ *(entra)*	—Yo no hablo inglés, pero necesito ayuda.
RECEPCIONISTA	—Yo hablo español un poco. ¿Qué pasa?
SR. PÉREZ	—¡Un choque! ¡Allí, en la calle Central! ¡Un desastre!
RECEPCIONISTA	—Despacio, por favor.
SR. PÉREZ	—*(Habla despacio ahora)* Perdón. Un accidente de tráfico en la calle Central.
RECEPCIONISTA	—¡Ah! Ud. necesita hablar con el teniente Ortiz, de la Sección de Tráfico. Pero primero, usted necesita llenar el informe de accidente. En seguida mando un carro patrullero.

El señor Pérez llena el informe de accidente.

INFORME DE ACCIDENTE

(Testigo)

(Llenar con letra de imprenta)

Fecha: ....

Sr.
Sra.
Srta. ....
　　　　　　Apellido　　　　　　　　　　Nombre　　　　　　　　Segundo Nombre

Dirección: ....
　　　　　　　Calle　　　　　　　　Ciudad　　　　Estado　　　Zona
　　　　　　　　　　　　　　　　　　　　　　　　　　　　　　Postal

Teléfono: ....

....
Número de seguro social　　　　　　Fecha de Nacimiento　　　　　　　　Edad

Ocupación: ....

ACCIDENTE

Descripción: ....

....

Lugar: ....

Fecha: ....

Hora: ....

Firma: ....

✳　✳　✳

At the Police Station

On the phone.

RECEPTIONIST:　Police station, good morning.
MR. VERA:　I want to report a robbery.
RECEPTIONIST:　Who is speaking?
MR. VERA:　Carlos Vera (speaking).
RECEPTIONIST:　Telephone number, please?
MR. VERA:　313-7894.
RECEPTIONIST:　Address?
MR. VERA:　Number 38, Juarez Avenue.
RECEPTIONIST:　One moment, please.　You need to speak to Sergeant Viñas, of the Robbery Division.

ACCIDENT REPORT

(Witness)

(Please print)

Date: ....

Mr.
Mrs.
Miss ....
     Surname   First Name   Middle name

Address: ....
         Street   City   State   Zip code

Telephone: ....

....
Social Security Number   Date of birth   Age

Occupation: ....

ACCIDENT

Description: ....

....

Place: ....

Date: ....

Time: ....

Signature: ....

Later.

MR. PEREZ *(enters):* I don't speak English, but I need help.
RECEPTIONIST: I speak a little Spanish. What's the matter?
MR. PEREZ *(shouts):* A collision! Out there, on Central Street! A disaster!
RECEPTIONIST: Slowly, please.
MR. PEREZ *(Speaks slowly now)* I'm sorry. A traffic accident on Central Street.
RECEPTIONIST: Oh! You need to speak with Lieutenant Ortiz, of the Traffic Division. But first, you must fill out the accident report. I'll send out a patrol car right away.

Mr. Perez fills out the accident report.

VOCABULARY

COGNATES

el **accidente** accident	la **policía** police
central central	el, la **recepcionista** receptionist
el **desastre** disaster	el **sargento** sergeant
la **estación** station	el **tráfico** traffic
el **momento** moment	

NOUNS

la **avenida** avenue
la **ayuda** help
la **calle** street
el **carro** car
el **carro patrullero (de policía)** patrol car
el **choque** collision
el **informe** report
el **número** number
el **robo** robbery
la **sección** division, section
el **teniente** lieutenant

VERBS

denunciar to report (a crime)
desear to want, to wish
entrar to enter, to come (go) in
gritar to shout, to scream
llenar to fill out
mandar to send

OTHER WORDS AND EXPRESSIONS

al teléfono on the phone
ahora now

con with
de of, from
despacio slow, slowly
el informe de accidente the accident report
en la calle Central on Central Street
en la estación de policía at the police station
en seguida right away
habla (... name) (name . . .) speaking
la Sección de Robos the Robbery Division
la Sección de Tráfico the Traffic Division
más tarde later
perdón I'm sorry, pardon me
pero but
primero first
¿qué pasa? what's the matter?, what's wrong?
¿quién habla? who's speaking?
un accidente de tráfico a traffic accident
un momento one moment
un poco a little

DIALOGUE RECALL PRACTICE

Study the dialogues you have just read; then complete the sentences below. If you cannot recall certain words, reread the dialogues, focusing on the words you missed and learning them within the context of the sentences in which they appear.

Al teléfono.

RECEPCIONISTA —Estación de .... , buenos ....

SR. VERA —Deseo .... un ....

RECEPCIONISTA —¿Quién .... ?

SR. VERA —........................... Carlos Vera.

RECEPCIONISTA —¿Número .... , por favor?

4

SR. VERA   —313-7894.

RECEPCIONISTA —¿.............................. ?

SR. VERA   —.............................. Juárez, ... treinta y ocho.

RECEPCIONISTA —Un .... , por favor. Usted ....

.... con el .... Viñas, de la

....

Más tarde.

SR. PÉREZ *(entra)* —Yo .... , pero

necesito ....

RECEPCIONISTA —Yo .... un poco. ¿Qué

.... ?

SR. PÉREZ *(grita)* —¡Un .... ! ¡Allí, en la ....

.... ! ¡Un .... !

RECEPCIONISTA —.............................. , por favor.

SR. PÉREZ   —*(Habla despacio ahora)* .... Perdón. Un ....

de .... en la .... Central.

RECEPCIONISTA —¡Ah! Usted .... con el

.... Ortiz, de la .... de

.... Pero primero, usted ....

.... el informe de .... En seguida

.... un ....

LET'S PRACTICE!

A. Write sentences using the subjects and verbs given. Add words from the dialogue, as needed.

1. Ud. / necesitar

....

2. el testigo / llenar

....

3. la recepcionista / mandar

....

4. nosotros / denunciar

....

5. la señora / gritar

....

B. Now make all the sentences in Exercise A negative.

1. ....

2. ....

3. ....

4. ....

5. ....

C. Complete the following enumeration; then read it aloud.

1. Cien   6. seiscientos

2. ....   7. ....

3. ....   8. ochocientos

4. cuatrocientos   9. ....

5. ....   10. ....

QUESTION-ANSWER EXERCISE

Answer these questions in complete sentences.

1. ¿Qué desea el señor Vera?

....

2. ¿Con quién necesita hablar el señor Vera?

....

3. ¿Quién entra más tarde?

....

4. ¿Habla inglés el señor Pérez?

....

5. ¿Habla español la recepcionista?

   ....

6. ¿Qué pasa en la calle Central? (no verb needed)

   ....

7. ¿Con quién necesita hablar el señor Pérez?

   ....

8. ¿Qué necesita llenar el señor Pérez?

   ....

9. ¿Qué manda la recepcionista?

   ....

And now, answer these personal questions.

1. ¿Con quién desea hablar usted?

   ....

2. ¿Necesita usted hablar con el profesor (la profesora) en seguida?

   ....

3. ¿Necesita usted un carro patrullero?

   ....

DIALOGUE COMPLETION

Use your imagination and the vocabulary you have learned in this lesson to complete the missing parts of the following dialogues.

Al teléfono.

RECEPCIONISTA —Estación de policía, buenos días.

SR. SOTO — ....

RECEPCIONISTA —¿Quién habla?

SR. SOTO — ....

RECEPCIONISTA —¿Domicilio, por favor?

SR. SOTO — ....

RECEPCIONISTA —¿Número de teléfono, por favor?

SR. SOTO — ....

RECEPCIONISTA — ....

....

Un choque.

SRA. MESA —Necesito ayuda.

RECEPCIONISTA — ....

SRA. MESA —Un accidente de tráfico en la calle Magnolia.

RECEPCIONISTA — ....

SRA. MESA —¿El teniente Muñoz… ?

RECEPCIONISTA — ....

SITUATIONAL EXERCISE

What would you say in the following situations?

1. Call the police and tell the receptionist you need to speak with Lieutenant Porro of the Robbery Division.   Tell her you want to report a robbery.
2. Tell someone you need help.   Tell him you don't speak Spanish very well and ask him if he speaks English.   He talks too fast, and you tell him to slow down.
3. You are the lieutenant of the Traffic Division.   A man wants to report an accident.   Using the standard accident report form, you ask him for details.   You then get his address, telephone number, and other pertinent information, thank him, and leave.

YOU'RE ON YOUR OWN!

Act out the following situations with a partner:

1. An excited witness reporting an accident to a police officer.
2. A traffic officer helping a witness complete the standard accident report form.
3. The receptionist and a man or woman reporting a robbery.

VOCABULARY EXPANSION

el **asalto** mugging
el **asesinato** murder
el **contrabando** contraband
el **chantaje** blackmail
la **explosión** explosion
la **falsificación** forgery
el **fuego** fire

el **huracán** hurricane
el **incendio** fire
la **inundación** flood
el **motín** riot
el **secuestro** kidnapping
el **terremoto** earthquake

8

Match the items in column B with those in column A.

A		B
1. forgery	____	a. terremoto
2. flood	____	b. chantaje
3. fire	____	c. inundación
4. hurricane	____	d. asalto
5. contraband	____	e. incendio, fuego
6. kidnapping	____	f. explosión
7. mugging	____	g. huracán
8. explosion	____	h. asesinato
9. earthquake	____	i. motín
10. murder	____	j. falsificación
11. riot	____	k. secuestro
12. blackmail	____	l. contrabando

Lesson 2

Con el agente Smith

¿Dónde queda el hotel California?

SEÑORA	—Señor, ¿dónde queda el hotel California?
AGENTE SMITH	—En la calle Magnolia, entre la avenida Universidad y la calle Doce.
SEÑORA	—¿La calle Magnolia... ?
AGENTE SMITH	—Sí, debe continuar derecho hasta llegar a la calle Siete, y doblar a la izquierda.
SEÑORA	—¿Cuántas cuadras debo continuar derecho?
AGENTE SMITH	—A ver... ocho cuadras.
SEÑORA	—Doblo a la izquierda en la calle Siete. ¿Y luego?
AGENTE SMITH	—Debe continuar derecho hasta llegar a la calle Magnolia y doblar a la derecha.

El agente Smith y el niño perdido:

AGENTE SMITH	—¿Cómo te llamas, niño?
NIÑO	—Carlos Gómez.
AGENTE SMITH	—¿Dónde vives?
NIÑO	—Vivo en la calle «D», número 187.
AGENTE SMITH	—Bien, vamos. No debes caminar solo en la calle.

Con el señor Ortiz:

AGENTE SMITH	—Buenos días. Agente Smith, Departamento del Sheriff. ¿Está José Ortiz?
SR. ORTIZ	—No, señor. No está. José trabaja por la mañana.
AGENTE SMITH	—¿A qué hora regresa?
SR. ORTIZ	—*(Llama a la señora Ortiz)* ¡Carmen! ¿A qué hora regresa José?
SRA. ORTIZ	—Al mediodía.
AGENTE SMITH	—Gracias, señor Ortiz. Regreso al mediodía.

$$* \quad * \quad *$$

With Officer Smith

Where is the California Hotel located?

LADY:	Sir, where is the California Hotel located?
OFFICER SMITH:	On Magnolia Street, between University Avenue and Twelfth Street.
LADY:	Magnolia Street . . . ?
OFFICER SMITH:	Yes, you must continue straight ahead until you arrive at Seventh Street and turn left.
LADY:	How many blocks should I continue straight ahead?
OFFICER SMITH:	Let's see . . . eight blocks.
LADY:	I turn left on Seventh Street. And then?
OFFICER SMITH:	You must continue straight ahead until you arrive at (reach) Magnolia and turn right.

Officer Smith and the lost child:

OFFICER SMITH: What's your name, child (little boy)?
CHILD: Carlos Gómez.
OFFICER SMITH: Where do you live?
CHILD: I live at 187 D Street.
OFFICER SMITH: Fine, let's go. You shouldn't walk in the street alone.

With Mr. Ortiz:

OFFICER SMITH: Good morning. Officer Smith, Sheriff's Department. Is José Ortiz at home?
MR. ORTIZ: No, Sir, he's not. José works in the morning.
OFFICER SMITH: (At) what time does he come back?
MR. ORTIZ: (*Calls Mrs. Ortiz*) Carmen! What time is José coming back?
MRS. ORTIZ: At noon.
OFFICER SMITH: Thank you, Mr. Ortiz. I'll come back at noon.

VOCABULARY

COGNATES

el, la **agente** agent   el **hotel** hotel
el **departamento** department

NOUNS
la **cuadra** block
la **niña** child, girl
el **niño** child, boy

VERBS
caminar to walk
continuar to continue
deber must, should
doblar, dar vuelta to turn
llamar to call
llegar to arrive, to reach (a street)
quedar to be located
regresar to return, to go (come) back

ADJECTIVES
perdido(a) lost

OTHER WORDS AND EXPRESSIONS
a to, at
¿a qué hora? at what time?
a ver... let's see . . .

al mediodía at noon
bien fine, okay
¿cómo te llamas? (*informal*) what's your name?
¿cuántos(as)? how many?
Departamento del Sheriff Sheriff's Department
derecha right
derecho straight (ahead)
entre between
¿está...? is . . . home (in)?
hasta until
izquierda left
luego then, afterwards
por la mañana in the morning
por la noche in the evening, at night
por la tarde in the afternoon
solo(a) alone
vamos let's go

DIALOGUE RECALL PRACTICE

Study the dialogues you have just read; then complete the sentences below. If you cannot recall certain words, reread the dialogues, focusing on the words you missed and learning them within the context of the sentences in which they appear.

¿Dónde queda el hotel California?

SEÑORA —Señor, ¿dónde ....

.... California?

AGENTE SMITH —.................................... .... Magnolia,

.... la avenida Universidad ....

.... Doce.

SEÑORA —¿La .... Magnolia...?

AGENTE SMITH —Sí, ... hasta

.... la calle Siete, y

.... a la ....

SEÑORA —¿Cuántas .... debo .... derecho?

AGENTE SMITH —A ver... ocho ....

SEÑORA —Doblo a la .... en la .... Siete. ¿Y

.... ?

AGENTE SMITH —Debe .... hasta

.... la calle Magnolia y

.... a la derecha.

El agente Smith y el niño perdido:

AGENTE SMITH —¿.................................... .... , niño?

NIÑO —Carlos Gómez.

AGENTE SMITH —¿Dónde .... ?

NIÑO —.......................... en la .... «D», ...

187.

AGENTE SMITH —Bien, ... No debes ....

.... en la calle.

Con el señor Ortiz:

AGENTE SMITH —Buenos .... Agente Smith, ... del

Sheriff. ¿............................ José Ortiz?

SR. ORTIZ —No, señor. No .... José .... por la

....

AGENTE SMITH —¿A .... ?

SR. ORTIZ —(*Llama a la señora Ortiz*) ¡Carmen! ¿A qué ....

.... José?

SRA. ORTIZ —Al ....

AGENTE SMITH —Gracias, señor Ortiz. .... al ....

LET'S PRACTICE!

A. Make the following sentences plural. Note particularly the agreement of articles, adjectives, and nouns.

1. El agente habla con el niño perdido.

....

2. Ella necesita la silla blanca.

....

3. El profesor necesita el lápiz.

....

B. Write sentences using the subjects and verbs given. Add words from the dialogues, as needed.

1. Ud. / deber

....

2. Nosotros / vivir

....

3. Yo / regresar

....

4. El agente Smith / trabajar

....

5. El señor Ortiz / doblar

....

14

6. El niño / decidir

....

7. La sra. Ortiz / beber

....

8. Usted / comprender

....

QUESTION-ANSWER EXERCISE

A. **Answer the following questions in complete sentences.**

1. ¿Dónde queda el hotel California?

....

2. En la calle Siete, ¿debe doblar a la derecha o a la izquierda?

....

3. ¿Cuántas cuadras debe continuar derecho?

....

4. ¿Hasta dónde debe continuar derecho?

....

5. ¿Dónde vive Carlos Gómez?

....

6. ¿Debe el niño caminar solo en la calle?

....

7. ¿Dónde trabaja el agente Smith?

....

8. ¿Está José Ortiz?

....

9. ¿Trabaja José Ortiz por la mañana, por la tarde, o por la noche?

....

10. ¿A qué hora regresa José?

....

B. And now, answer these personal questions.

1. ¿Dónde queda la estación de policía?

   ....

2. ¿Cómo te llamas?

   ....

3. ¿Dónde vive usted?

   ....

4. ¿Trabaja usted por la mañana?

   ....

DIALOGUE COMPLETION

El agente y el niño perdido:

NIÑO   —..

AGENTE   —¿El restaurante «Azteca»? Queda en la calle Magnolia.

NIÑO   —..

AGENTE   —Debes caminar cinco cuadras y doblar a la izquierda en la calle Magnolia. ¿Dónde vives?

NIÑO   —..

Con la señora Vega:

AGENTE   —..

SRA. VEGA —Buenas tardes. Pase, por favor.

AGENTE   —..

SRA. VEGA —No, el señor Vega no está. Lo siento.

AGENTE   —..

SRA. VEGA —Sí, señor. Él trabaja por la tarde.

SITUATIONAL EXERCISE

What would you say in the following situations?

1. You are on traffic duty. Someone asks you for directions to the Mexico Restaurant. Tell him he must continue straight ahead until he reaches Seventh Street and then turn to the right and walk six blocks.

2. You need to speak with a witness, Sara Muñoz. Her mother opens the door. Greet her and identify yourself, and then ask her if Sara Muñoz is home. Tell her you need to speak with her.

3. Someone wants to speak with your friend. Tell him he or she is not home. Tell him also that he or she works at night.
4. You find a little girl who is apparently lost. Ask her what her name is and where she lives. Tell her she shouldn't walk in the street alone.

YOU'RE ON YOUR OWN!

Act out the following situations with a partner:

1. A tourist asking a police officer how to get to a famous landmark in your city.
2. A police officer talking to a lost child.
3. A police officer talking to someone at the door, and asking to talk to a person who lives at that address.

VOCABULARY EXPANSION

el **aeropuerto**   airport
el **banco**   bank
la **cárcel,** la **prisión**   prison, jail
el **cementerio**   cemetery
la **estación de bomberos**   fire station
la **estación de ferrocarril (trenes)**   train station

la **estación de ómnibus** (*Mex.:* **centro camionero**)   bus station
el **hospital**   hospital
la **oficina de correos,** el **correo**   post office
el **mercado**   market
la **tienda**   store

Match the items in column B with those in column A.

A	B
1. school	____ a. estación de trenes
2. store	____ b. cárcel
3. jail	____ c. aeropuerto
4. airport	____ d. escuela
5. post office	____ e. oficina de correos
6. market	____ f. estación de bomberos
7. bus station	____ g. tienda
8. cemetery	____ h. banco
9. hospital	____ i. hospital
10. fire station	____ j. centro camionero
11. train station	____ k. cementerio
12. bank	____ l. mercado

Lesson 3

Con el agente Smith (Continuación)

El agente Smith habla con Roberto, un muchacho que está solo en la calle a medianoche.

AGENTE SMITH	—¿A dónde vas a esta hora de la noche?
MUCHACHO	—Voy a la casa de mi amigo.
AGENTE SMITH	—¿Dónde están tus padres?
MUCHACHO	—Mi papá está en el trabajo. Mi mamá está en casa.
AGENTE SMITH	—¿Dónde trabaja tu papá?
MUCHACHO	—Mi papá trabaja de mesero en el restaurante «Nina».
AGENTE SMITH	—Tú eres menor de edad. A esta hora debes estar en tu casa.

El agente Smith lleva a Roberto a su casa, y allí habla con la mamá de Roberto.

AGENTE SMITH	—¿Es usted la mamá de Roberto Mena?
SRA. MENA	—Sí, señor. ¿Qué pasa? ¿Está herido mi hijo?
AGENTE SMITH	—No, señora. Su hijo está bien. Pero a esta hora de la noche debe estar en su casa.
SRA. MENA	—Sí, señor. ¡Los muchachos siempre dan problemas!

El agente Smith habla con un hombre en el parque.

AGENTE SMITH	—¿Cómo se llama usted, señor?
HOMBRE	—Me llamo Luis Roca, a sus órdenes.
AGENTE SMITH	—¿Es usted ciudadano norteamericano, señor Roca?
SR. ROCA	—No, señor. Soy inmigrante. Aquí está mi tarjeta de inmigración.
AGENTE SMITH	—Muy bien. Gracias por su cooperación, señor Roca.

El agente Smith arresta a un ladrón.

AGENTE SMITH	—¡Policía! ¡Alto! ¡Alto o disparo! ¡Quieto!

✳ ✳ ✳

With Officer Smith (Cont.)

Officer Smith speaks with Robert, a boy who is alone on the street at midnight.

OFFICER SMITH:	Where are you going at this time of night?
BOY:	I'm going to my friend's house.
OFFICER SMITH:	Where are your parents?
BOY:	My Dad is at work. My Mom is home.
OFFICER SMITH:	Where does your father work?
BOY:	My father works as a waiter at the Nina restaurant.
OFFICER SMITH:	You are a minor. At this hour you should be home.

Officer Smith takes Robert home, and there he speaks with Robert's Mom.

OFFICER SMITH: Are you Robert Mena's mother (mom)?
MRS. MENA: Yes, sir. What's the matter? Is my son hurt?
OFFICER SMITH: No, madam. Your son is fine. But at this time of night he should be home.
MRS. MENA: Yes sir. (The) boys always create (give) problems!

Officer Smith speaks with a man in the park.

OFFICER SMITH: What is your name, sir?
MAN: My name is Louis Roca (at your service).
OFFICER SMITH: Are you an American citizen, Mr. Roca?
MR. ROCA: No, sir. I am an immigrant. Here is my immigration card.
OFFICER SMITH: Very well. Thank you for your cooperation, Mr. Roca.

Officer Smith arrests a thief.

OFFICER SMITH: Police! Stop! Stop or I'll shoot! Freeze!

VOCABULARY

COGNATES

la **cooperación**	cooperation	**inmigrante**	immigrant
la **hora**	hour, time	el **parque**	park
la **inmigración**	immigration	la **policía**	police

NOUNS

el, la **ciudadano(a)**   citizen
el **hombre**   man
el, la **ladrón(ona)**   thief, burglar, robber
la **mamá**   mom, mother
la **mesera**, la **camarera**   waitress
el **mesero**, el **mozo**   waiter
la **muchacha**   girl, young woman
el **muchacho**   boy, young man
los **padres**   parents
el **papá**   dad, father
la **tarjeta**   card

VERBS

arrestar   to arrest
disparar   to shoot
llevar   to take (someone or something someplace)

ADJECTIVES

herido(a), **lastimado(a)**   hurt

OTHER WORDS AND EXPRESSIONS

¿a dónde?   where to?
a esta hora de la noche   at this time of night
a medianoche   at midnight
a sus órdenes   at your service
¡alto!   halt! stop!
allí   there
aquí   here
de mesero   as a waiter
en casa   at home
en el trabajo (*colloq.*)   at work
menor de edad   minor
pero   but
por   for
que   who, what
¡quieto(a)!   freeze! (*lit.*, still!)
siempre   always

DIALOGUE-RECALL PRACTICE

Study the dialogues you have just read, then complete the sentences below.   If you cannot recall certain words, reread the dialogues, focusing on the words you missed and learning them within the context of the sentences in which they appear.

El agente Smith habla con un muchacho...

AGENTE SMITH   —¿A dónde .... a esta ....

.... la .... ?

MUCHACHO   —............................. a la casa ....

....

AGENTE SMITH   —¿Dónde .... ?

MUCHACHO   —Mi papá .... en el ....   Mi

.... está ....

AGENTE SMITH   —¿Dónde .... ?

MUCHACHO   —Mi papá ....

en el .... «Nina».

AGENTE SMITH   —Tú .... de ....

A esta .... debes .... en tu

....

El agente Smith... habla con la mamá de Roberto.

AGENTE SMITH   —¿............................. Ud. la mamá ....

.... Mena?

SRA. MENA   —Sí, ...   ¿Qué .... ?   ¿Está

.... ?

AGENTE SMITH   —No, señora.   Su .... bien.   Pero a

.... de la .... debe

.... en su ....

SRA. MENA   —Sí, ...   ¡Los muchachos ....

.... problemas!

El agente Smith habla con un hombre en el parque.

AGENTE SMITH —¿Cómo .... Ud., señor?

HOMBRE —..................... .... Luis Roca,

....

AGENTE SMITH —¿..................... Ud. .... norteamericano, señor

Roca?

SR. ROCA —No, señor. .... Aquí está

.... de ....

AGENTE SMITH —Muy bien. Gracias por ....

.... , señor Roca.

El agente Smith arresta a un ladrón.

—¡..................... ! ¡..................... ! ¡Alto o

.... ! ¡..................... !

LET'S PRACTICE!

A. Complete the following verb chart.

INFINITIVO	YO	TÚ	UD., ÉL, ELLA	NOSOTROS	UDS., ELLOS, ELLAS
arrestar					
	voy				
		estás			
			da		
				disparamos	
					son
	. debo				
				vivimos	

B. Fill in the blanks with the correct forms of the verbs *ser* or *estar*, as needed. Read all sentences aloud.

1. El señor Roca .... inmigrante.

2. Él y su esposa .... de México.

3. Uds. no .... enfermos.

4. Ellas .... agentes de policía.

5. ¿Dónde .... el carro?

6. ¿........................... (tú) mejor? ¿No .... enferma?

7. Él y ella .... en Los Ángeles.

8. No .... cierto.

9. El sargento Viñas .... un agente de policía.

10. Él .... en la comisaria.

11. Tú .... menor de edad.

12. ¿Dónde .... tus padres?

13. Mi papá .... en el trabajo. Mi mamá .... en casa.

14. A esta hora debes .... en casa.

15. ¿........................... Ud. ciudadano norteamericano? Yo

.... inmigrante.

C. You are needed as an interpreter. Translate the following sentences into Spanish.

1. Where are your parents going? ....

They're going to their friends' house. ....

2. Where is your mother? ....

She's at work. ....

3. Are you a minor? ....

No, I'm not a minor. ....

4. Is our son hurt? ....

No, he's fine. ....

5. Does your father work in a restaurant? ....

Yes, sir. ....

QUESTION-ANSWER EXERCISE

A. Answer the following questions in complete sentences.

1. ¿Está Roberto solo en la calle?

....

2. ¿A dónde va Roberto?

   ....

3. ¿Dónde están los padres de Roberto?

   ....

4. Dónde trabaja el papá de Roberto?

   ....

5. ¿Es Roberto menor de edad?

   ....

6. ¿Dónde debe estar Roberto a esta hora de la noche?

   ....

7. ¿A dónde lleva el agente Smith a Roberto?

   ....

8. ¿Está herido Roberto?

   ....

9. ¿Es ciudadano norteamericano el señor Roca?

   ....

B. **And now answer these personal questions.**
   1. ¿Está usted solo(a)?

   ....

   2. ¿Es usted menor de edad?

   ....

   3. ¿Está usted herido(a)?

   ....

   4. ¿Da usted muchos problemas?

   ....

   5. ¿Es usted ciudadano(a) norteamericano(a)?

   ....

   6. ¿Cómo se llama usted?

   ....

DIALOGUE COMPLETION

Use your imagination and the vocabulary you have learned in this lesson to complete the missing parts of the following dialogues.

El agente Robles habla con el papá de María.

AGENTE ROBLES —...

SR. SOTO   —Sí, señor. Yo soy el papá de María Soto. ¿Qué pasa?

AGENTE ROBLES —...

SR. SOTO   —¿Herida? ¿Dónde está?

AGENTE ROBLES —...

El agente Robles habla con la señora Roca.

AGENTE ROBLES —...

SRA. ROCA   —Me llamo Mariana Roca, señor.

AGENTE ROBLES —...

SRA. ROCA   —Sí, señor. Aquí está mi tarjeta de inmigración.

AGENTE ROBLES —...

SITUATIONAL EXERCISE

What would you say in the following situations?

1. You want a suspect to stop. Tell him to halt or you'll shoot. Another man appears. Tell him to freeze.
2. You see a fifteen-year-old girl walking in the park late at night. Ask her where she's going and where her parents are. Tell her she is a minor and she shouldn't be in the park alone at midnight.
3. Ask someone where his or her immigration card is. Thank him or her for cooperating.

YOU'RE ON YOUR OWN!

Act out the following situations with a partner:

1. An officer stopping a thief who is trying to flee.
2. An officer talking to someone who might be an undocumented alien.
3. An officer talking to a minor who is alone in the street late at night.
4. An officer talking to a parent whose child was found alone in the street at night.

VOCABULARY EXPANSION

la **esposa** wife
el **esposo** husband
el **hijo** son

la **hija** daughter
el **hermano** brother
la **hermana** sister

el **abuelo** grandfather	el **suegro** father-in-law
la **abuela** grandmother	la **suegra** mother-in-law
el **tío** uncle	el **yerno** son-in-law
la **tía** aunt	la **nuera** daughter-in-law
el **sobrino** nephew	el **cuñado** brother-in-law
la **sobrina** niece	la **cuñada** sister-in-law
el **nieto** grandson	el **padastro** stepfather
la **nieta** granddaughter	la **madrastra** stepmother
el **primo** cousin (*male*)	los **parientes** relatives
la **prima** cousin (*female*)	

We suggest that you use this vocabulary when you think about your own relatives. For example, if you have an uncle named John, think of him as "*tío* John," and so on. This will make the words easier to learn, because they will be more real.

Complete the following definitions.

1. La esposa de mi hermano es mi ....

2. El esposo de mi hermana es mi ....

3. La mamá de mi esposo es mi ....

4. El papá de mi esposo es mi ....

5. El hermano de mi mamá es mi ....

6. La hija de mi tía es mi ....

7. El hijo de mi hermana es mi ....

8. La mamá de mi papá es mi ....

9. La esposa de mi hijo es mi ....

10. El hijo de mi hija es mi ....

11. La hija de mi hermano es mi ....

12. Yo soy la nieta de mi ....

13. El hijo de mi tío es mi ....

14. El esposo de mi hija es mi ....

15. No es mi mamá. Es mi ....

16. No es mi papá. Es mi ....

17. Mis tíos, primos, abuelos, etc., son mis ....

Lesson 4

El agente Chávez arresta a un drogadicto

El agent Chávez detiene a un hombre porque su coche zigzaguea.   Cuando habla con él, nota características de que el hombre está endrogado.

AGENTE CHÁVEZ	—Yo creo que usted está endrogado.
HOMBRE	—No,… no es cierto… Tengo frío y estoy resfriado. No soy drogadicto.
AGENTE CHÁVEZ	—Vamos a ver. Salga del carro, a la acera, por favor.

(El agente observa marcas de aguja en el brazo y la mano del hombre.   Las marcas son nuevas.)

AGENTE CHÁVEZ	—A ver el brazo… ¿Da usted sangre a veces?
HOMBRE	—Sí, doy sangre a veces…
AGENTE CHÁVEZ	—¿Toma usted medicamentos?
HOMBRE	—Cuando estoy enfermo…
AGENTE CHÁVEZ	—¿Tiene diabetes o sífilis…?
HOMBRE	—No tengo diabetes, pero creo que tengo sífilis…
AGENTE CHÁVEZ	—¿Está lastimado?
HOMBRE	—No.
AGENTE CHÁVEZ	—¿Visita al médico muy seguido?
HOMBRE	—No, no voy al médico… voy a la clínica a veces…
AGENTE CHÁVEZ	—¿Usa usted narcóticos?
HOMBRE	—Sí, a veces…
AGENTE CHÁVEZ	—*(Señala su frente)* Mire aquí… Debe tratar de no parpadear… ¿Tiene problemas con los ojos?
HOMBRE	—No, no tengo problemas… No más tengo sueño…
AGENTE CHÁVEZ	—En mi opinión, usted está endrogado.
HOMBRE	—No, hoy estoy mejor. Vengo de la clínica…
AGENTE CHÁVEZ	—Lo siento, pero debe venir conmigo a la comisaría.

✱   ✱   ✱

Officer Chavez Arrests a Drug Addict

Agent Chávez stops a man because his car is zigzagging.   When he speaks with him, he notices signs that the man is under the influence of drugs.

OFFICER CHAVEZ:	I think you are under the influence of narcotics.
MAN:	No, . . . it's not true . . . I'm cold and I have a cold. I'm not a drug addict.
OFFICER CHAVEZ:	We'll see. Step out of the car onto the sidewalk, please.

(The Officer observes needle marks on the man's arm and hand.   The marks are new.)

OFFICER CHAVEZ:	Let's see your arm . . . Do you give blood sometimes?
MAN:	Yes, I give blood sometimes. . . .
OFFICER CHAVEZ:	Do you take (any) medication?

MAN:	When I'm sick . . .
OFFICER CHAVEZ:	Do you have diabetes or syphilis?
MAN:	I don't have diabetes, but I think I have syphilis. . . .
OFFICER CHAVEZ:	Are you hurt?
MAN:	No.
OFFICER CHAVEZ:	Do you visit the doctor very often?
MAN:	No, I don't go to the doctor . . . I go to the clinic sometimes. . . .
OFFICER CHAVEZ:	Do you use narcotics?
MAN:	Yes, sometimes. . . .
OFFICER CHAVEZ:	(Points to his forehead) Look here . . . You must try not to blink. . . . Do you have problems with your eyes?
MAN:	No, I don't have (any) problems. . . . I'm just sleepy.
OFFICER CHAVEZ:	In my opinion, you are under the influence of narcotics.
MAN:	No, today I'm better. I'm coming from the clinic . . .
OFFICER CHAVEZ:	I'm sorry, but you must come with me to the police station.

VOCABULARY

COGNATES

la **clínica** clinic

la **diabetes** diabetes

el, la **drogadicto(a)** drug addict

la **marca** mark

el **narcótico** narcotic

la **opinión** opinion

la **sífilis** syphilis

NOUNS

la **acera,** la **banqueta** (*Mex.*) sidewalk

la **aguja** needle

el **brazo** arm

la **característica** sign, characteristic

el **carro,** el **coche** car

la **comisaría** police station

la **droga** drug

la **frente** forehead

la **mano** hand

el, la **médico** doctor, M.D.

el **ojo** eye

la **sangre** blood

VERBS

creer to think

detener (*conj. like* **tener**) to stop

notar to notice

observar to observe

parpadear, abrir y cerrar los ojos to blink

señalar to point (to, out)

tomar to take (medication), to drink

tratar (de) to try (to)

usar to use

visitar to visit

zigzaguear to zigzag

ADJECTIVES

endrogado(a) under the influence of drugs

enfermo(a) sick

nuevo(a) new

OTHER WORDS AND EXPRESSIONS

a veces, algunas veces sometimes

conmigo with me

cuando when

estar resfriado(a) to have a cold

hoy today

mire look

no es cierto it's not true

no más it's just that (*colloq.*)

porque because

salga del carro step out of the car

seguido, a menudo often

vamos a ver we'll see

DIALOGUE RECALL PRACTICE

Study the dialogue you have just read; then complete the sentences below. If you cannot recall certain words, reread the dialogue, focusing on the words you missed and learning them within the context of the sentence in which they appear.

El agente Chávez habla con un drogadicto.

AGENTE CHÁVEZ   —Yo creo que ....

....

HOMBRE   —No,... ....

.... Tengo .... y estoy

.... No ....

AGENTE CHÁVEZ   —Vamos .... Salga

.... , a la .... ,

por favor.

AGENTE CHÁVEZ   —A ver .... ¿Da usted

.... a veces?

HOMBRE   —Sí, ... sangre ....

....

AGENTE CHÁVEZ   —¿Toma usted .... ?

HOMBRE   —Cuando ....

AGENTE CHÁVEZ   —¿Tiene .... o .... ?

HOMBRE   —No tengo .... , pero creo que ....

....

AGENTE CHÁVEZ   —¿Está .... ?

HOMBRE   —No.

AGENTE CHÁVEZ   —¿Visita .... muy

.... ?

HOMBRE   —No, no .... al médico... voy a la .... a

....

AGENTE CHÁVEZ	—¿Usa usted ....?
HOMBRE	—Sí, ...
AGENTE CHÁVEZ	—(Señala su frente) .... Debe tratar de
	.... ¿Tiene
	.... con los .... ?
HOMBRE	—No, no .... No más
	....
AGENTE CHÁVEZ	—En mi .... , usted ....
	....
HOMBRE	—No, hoy .... Vengo de la
	....
AGENTE CHÁVEZ	—Lo siento, pero ....
	.... a la ....

LET'S PRACTICE!

A. Answer the following questions in complete sentences:

1. Yo tengo treinta años y Roberto tiene veinte. ¿Quién es mayor y quién es menor?

   ....

2. ¿Mickey Rooney es más alto que Wilt Chamberlain?

   ....

3. ¿Es Ud. tan alto(a) como Wilt Chamberlain?

   ....

4. ¿Quién es el (la) más inteligente de la clase?

   ....

5. ¿Quién está más cansado: Ud. o yo?

   ....

6. ¿Habla Ud. español mejor que el profesor (la profesora)?

   ....

7. ¿Tiene Ud. más o menos dinero que Rockefeller?

   ....

8. ¿Cuál es la lección más difícil?

    ....

B. **You are needed as an interpreter.** **Translate the following sentences into Spanish.**

1. Where are you coming from?   ....

    From the park.   ....

2. Are you going to the doctor?   ....

    No, I'm not sick.   ....

3. Are you better today?   ....

    Yes, I'm much better.   ....

4. Do you have a red pencil?   ....

    I need one.   ....

    I have two. . . .   .

5. Is your table bigger than my table?   ....

    Why?   ....

    Because I need a very big table.   ....

    Yes, . . . I think my table is bigger. . . .   .

QUESTION-ANSWER EXERCISE

A. **Answer the following questions in complete sentences.**

1. ¿Por qué detiene el agente Chávez al hombre?

    ....

2. ¿Qué nota cuando habla con él?

    ....

3. ¿Qué observa el agente en el brazo y la mano del hombre?

    ....

4. ¿Son nuevas las marcas de aguja?

    ....

5. ¿Da el hombre sangre a veces?

    ....

6. ¿Tiene el hombre diabetes o sífilis?

....

7. ¿Está lastimado el hombre?

....

8. ¿Visita el hombre al médico?

....

9. ¿A dónde va a veces?

....

10. ¿Usa el hombre narcóticos?

....

11. ¿Qué señala el agente Chávez?

....

12. ¿Tiene el hombre problemas con los ojos?

....

13. ¿Cuál es la opinión del agente Chávez?

....

B. **And now, answer these personal questions.**
1. ¿Está usted resfriado(a)?

....

2. ¿Da usted sangre a veces?

....

3. ¿Toma usted medicamentos cuando está enfermo(a)?

....

4. ¿Visita usted al médico muy seguido?

....

5. ¿Tiene usted problemas con los ojos?

....

6. ¿Está usted enfermo(a)?

....

7. ¿Está usted en la comisaría?

....

DIALOGUE COMPLETION

Use your imagination and the vocabulary you have learned in this lesson to complete the missing parts of the following dialogue.

El agente Mora y un drogadicto.

AGENTE MORA   —...

HOMBRE   —No, yo no doy sangre...

AGENTE MORA   —...

HOMBRE   —No, no uso narcóticos.   Estoy resfriado...

AGENTE MORA   —...

HOMBRE   —Trato de no parpadear, pero tengo sueño...

AGENTE MORA   —...

HOMBRE   —No,... yo no soy drogadicto... estoy enfermo...

AGENTE MORA   —...

HOMBRE   —No,... las marcas de aguja no son nuevas...

AGENTE MORA   —...

SITUATIONAL EXERCISE

What would you say in the following situations?

1. You have stopped a man in the street. Tell him his car is weaving. Tell him also that you think he is under the influence of narcotics. Ask him to step out of the car onto the sidewalk.
2. You think you are dealing with a drug addict. Tell him he has fresh (new) needle marks on his arm. Ask him if he donates blood sometimes and whether he has diabetes or syphilis.
3. Point to your forehead and tell a suspect to look there. Tell him he must try not to blink. Ask him if he has any problems with his eyes.
4. Your suspicions have been confirmed. Tell a suspect that you're sorry, but he must come with you to the police station.

YOU'RE ON YOUR OWN!

Act out the following situation with a partner:

A police officer talking to a man or woman who has all the signs of being under the influence of narcotics.

VOCABULARY EXPANSION

The following terms are "street" names for common drugs:

1. **Marijuana:**
   María   Mari Juana   zacate   mota
   a **leño** or a **cucaracha** is a *joint*.

2. **Hashish:**
   chocolate   kif   grifa

3. **Cocaine:**
   cocaína   coca   polvo

4. **Acid (LSD):**
   pegao   sello   pastilla

5. **Heroin:**
   hero   carne

Place a 1, 2, 3, 4, or 5 next to each of the following terms:

1. marijuana   2. hashish   3. cocaine   4. acid   5. heroin

____ carne	____ chocolate	____ sello
____ zacate	____ hero	____ polvo
____ coca	____ María	____ grifa
____ pegao	____ kif	____ Mari Juana
____ mota	____ pastilla	____ cocaína

A "joint" is a .... or ....

Lesson 5

La telefonista contesta el teléfono

Esta noche la telefonista de la Comisaría Cuarta en Los Ángelos contesta varias llamadas telefónicas.

A las siete y media:

TELEFONISTA	—Comisaría Cuarta, buenas noches.
SEÑORA X	—Buenas noches. Mi esposo y yo vamos a ir de vacaciones y quiero avisar a la policía…
TELEFONISTA	—Muy bien. ¿Cuál es su dirección completa y su número de teléfono, señora?
SEÑORA X	—Fairfax, número quinientos noventa y seis, Los Ángeles. Mi teléfono es 232-0649.
TELEFONISTA	—¿Cuánto tiempo piensan estar de vacaciones?
SEÑORA X	—Dos semanas. Vamos a estar de vuelta el primero de enero.
TELEFONISTA	—¿Van a dejar una luz encendida?
SEÑORA X	—Sí, vamos a dejar prendida la luz de la cocina.
TELEFONISTA	—¿Alguien tiene la llave de su casa?
SEÑORA X	—Sí, mi vecina. Ella vive enfrente de nuestra casa: Fairfax, número quinientos noventa y uno.
TELEFONISTA	—Muy bien. ¿Ella va a recoger su correspondencia?
SEÑORA X	—Sí, y también el periódico. Y va a regar el césped.

A las ocho menos cuarto:

NIÑO	—¡Socorro! Hay un incendio en mi casa y mi mamá no está…
TELEFONISTA	—¿Tú estás dentro de la casa ahora?
NIÑO	—Sí, tengo miedo… hay mucho humo…
TELEFONISTA	—Debes salir de la casa en seguida y llamar a los bomberos desde la casa de un vecino. ¡Rápido!

✳   ✳   ✳

The Dispatcher Answers the Phone

Tonight the dispatcher of the Fourth Precinct in Los Angeles answers several phone calls.

At seven-thirty:

DISPATCHER:	Fourth Precinct, good evening.
MRS. X:	Good evening. My husband and I are going to go on vacation, and I want to inform the police.
DISPATCHER:	Very well. What is your complete address and your phone number, madam?
MRS. X:	596 Fairfax, Los Angeles. My phone (number) is 232-0649.
DISPATCHER:	How long are you planning to be on vacation?
MRS. X:	Two weeks. We're going to be back on January 1.

DISPATCHER:	Are you going to leave a light on?
MRS. X:	Yes, we are going to leave the kitchen light on.
DISPATCHER:	Does anybody have the key to your house?
MRS. X:	Yes, my neighbor. She lives across the street from our house: 591 Fairfax.
DISPATCHER:	Very well. Is she going to pick up your mail?
MRS. X:	Yes, and also the newspaper. And she's going to water the lawn.

At a quarter to eight:

CHILD:	Help! There's a fire in my house, and my mom isn't home. . . .
DISPATCHER:	Are you inside the house now?
CHILD:	Yes, I'm scared . . . there's a lot of smoke . . .
DISPATCHER:	You must get out of the house immediately and call the firemen from a neighbor's house. Quickly!

VOCABULARY

NOUNS

el **bombero** fireman
el **césped**, el **zacate** (*Mex.*) lawn
la **cocina** kitchen
la **correspondencia**, el **correo** mail
la **esposa**, la **mujer** wife
el **esposo**, el **marido** husband
el **humo** smoke
el **incendio**, el **fuego** fire
la **luz** light
la **llamada telefónica** phone call
la **llave** key
el **periódico**, el **diario** newspaper
la **semana** week
el, la **telefonista** dispatcher, operator
el, la **vecino(a)** neighbor

VERBS

avisar to inform, to let (someone) know
contestar to answer
dejar to leave
recoger (yo recojo) to pick up

regar (e>ie) to water
salir[1] to leave, to get out

ADJECTIVES

completo(a) complete
cuarto(a) fourth
encendido(a), **prendido(a)** on (*i.e., a television set, a light*)

OTHER WORDS AND EXPRESSIONS

alguien someone
¿cuánto tiempo? how long?
de vacaciones on vacation
de vuelta back
dentro inside
desde from
enfrente across the street
esta noche tonight
rápido quick, quickly, fast
¡socorro!, ¡auxilio! help!
varios(-as) several

DIALOGUE RECALL PRACTICE

Study the dialogues you have just read; then complete the sentences below. If you cannot recall certain words, reread the dialogues, focusing on the words you missed and learning them within the context of the sentences in which they appear.

A las siete y media:

TELEFONISTA —Comisaría ………………………… ………………………… ………………………… .

SEÑORA X —Buenos noches. Mi ………………………… y yo ………………………… a

………………………… de vacaciones y …………………………

………………………… a la policía…

---

[1]The conjugation of this verb will be studied in Lesson 7.

TELEFONISTA —Muy bien. ¿Cuál ....

.... completa y su ....

.... , señora?

SEÑORA X —Fairfax, ... quinientos noventa y seis, Los Ángeles.

.... es 232-0649.

TELEFONISTA —¿............................. .... estar de

vacaciones?

SEÑORA X —Dos .... Vamos a estar ....

.... el .... de ....

TELEFONISTA —¿Van a .... una luz .... ?

SEÑORA X —Sí, vamos a dejar .... la luz de la ....

TELEFONISTA —¿Alguien .... la .... de su

.... ?

SEÑORA X —Sí, mi .... Ella vive .... de

.... casa. Fairfax, ... quinientos noventa

y uno.

TELEFONISTA —Muy bien. ¿Ella ....

.... su correspondencia?

SEÑORA X —Sí, y también .... Y va a

.... el ....

A las ocho menos cuarto:

NIÑO —¡............................. ! Hay un .... en mi casa y mi

.... no ....

TELEFONISTA —¿Tú estás .... la casa

.... ?

NIÑO —Sí, ... hay mucho

....

TELEFONISTA —Debes .... de la casa ....

.... y llamar a los ....

.... la casa de un ....

¡........................... !

LET'S PRACTICE!

A. Complete the following sentences with the appropriate form of *ir a* + infinitive.

1. Nosotros .... de vacaciones.

2. Yo .... de vuelta el 4 de julio.

3. El señor Vera .... encendida una luz.

4. Mis vecinos .... la correspondencia.

5. Yo .... a la policía.

6. El niño .... a los bomberos.

7. Nosotros .... el césped.

8. Tú .... de la casa en seguida, ¿no?

B. Complete the following sentences with the appropriate form of *ser*, *estar*, or *hay*.

1. ¿Cuál .... su dirección completa?

2. Mi casa .... en la calle Fairfax.

3. .... un incendio en mi casa.

4. Mi número de teléfono .... 326-7476.

5. La telefonista .... de la Comisaría Cuarta.

6. Nosotros .... en la avenida Magnolia.

7. .... un periódico en la cocina.

8. ¿Dónde .... tus padres ahora?

9. .... tres agentes de policía en tu casa.

10. Yo .... de vacaciones.

C. Complete the following chart for stem-changing verbs.

INFINITIVO	YO	TÚ	UD., ÉL, ELLA	NOSOTROS	UDS., ELLOS, ELLAS
comenzar					
	cierro				
		quieres			
			entiende		
				perdemos	
					prefieren
regar					

D. You are needed as an interpreter. Translate the following sentences into Spanish.

1. What time is it? ....

    It's a quarter to three. ....

2. What time does the class start? ....

    It starts at five thirty. ....

3. What time is your mother coming? ....

    She's coming at two-thirty. ....

4. How many keys are there? ....

    There is one key. ....

5. Is he your first husband? ....

    No, he is my third husband. ....

QUESTION-ANSWER EXERCISE

A. Answer the following questions in complete sentences.

1. ¿Quién contesta varias llamadas telefónicas esta noche?

    ....

2. ¿Quién llama a las siete y media?

    ....

3. ¿Por qué llama la señora X?

....

4. ¿Cuánto tiempo piensan estar de vacaciones?

....

5. ¿Cuándo van a estar de vuelta?

....

6. ¿Dónde van a dejar una luz encendida?

....

7. ¿Quién tiene la llave de su casa?

....

8. ¿Dónde vive la vecina?

....

9. ¿Quién va a recoger la correspondencia y regar el césped?

....

10. ¿Qué pasa en la casa del niño?

....

11. ¿Está solo el niño?

....

12. ¿Por qué tiene miedo el niño?

....

13. ¿A quién debe llamar el niño?   ¿Desde dónde?

....

B.   And now, answer these personal questions.

1. ¿Contesta usted las llamadas telefónicas en la comisaría?

....

2. ¿Avisa usted a la policía cuando va a ir de vacaciones?

....

3. ¿Cuál es su dirección completa?

    ....

4. ¿A qué hora va a estar de vuelta en su casa mañana?

    ....

5. ¿Va a dejar usted una luz prendida esta noche?

    ....

6. ¿Quién recoge su correo cuando usted está de vacaciones?

    ....

7. ¿Tiene usted miedo a veces?

    ....

DIALOGUE COMPLETION

Use your imagination and the vocabulary you have learned in this lesson to complete the missing parts of the following dialogues.

El señor Nieto llama a los bomberos:

BOMBERO — ....

SR. NIETO — ¡Hay un incendio en la casa de mi vecino!

BOMBERO — ....

SR. NIETO — Magnolia, número cuatrocientos ochenta y dos.

BOMBERO — ....

SR. NIETO — Sí, hay tres niños dentro de la casa. ¡Y los padres no están!

BOMBERO — ....

La telefonista y la señorita Gómez:

TELEFONISTA — Comisaría Cuarta, buenas noches.

SRTA. GÓMEZ — ....

TELEFONISTA — Bien. ¿Cuál es su dirección completa?

SRTA. GÓMEZ — ....

TELEFONISTA	—¿Cuánto tiempo va a estar de vacaciones, señorita?
SRTA. GÓMEZ	— ....
TELEFONISTA	—¿Va a dejar una luz encendida?
SRTA. GÓMEZ	— ....
TELEFONISTA	—¿Alguien tiene la llave de su casa?
SRTA. GÓMEZ	— ....
	....

SITUATIONAL EXERCISE

What would you say in the following situations?

1. You are going on vacation. Call the police and tell them how long you'll be gone and exactly when you'll be back. Tell them also that you're going to leave a light on in the kitchen and that your neighbor is going to pick up your mail and the paper.
2. You are a dispatcher at the Fourth Precinct. A child calls to tell you that there's a fire in his house and that he's all alone. Tell him what to do.

YOU'RE ON YOUR OWN!

Act out the following situations with a partner:

1. A dispatcher talking to a man or woman who is going on vacation and wants to inform the police.
2. A dispatcher talking to a child who calls to say that his or her house is on fire.

VOCABULARY EXPANSION

el **garaje** garage
la **entrada** entrance
la **sala** living room
el **dormitorio,** la **recámara** bedroom
la **cocina** kitchen
el **comedor** dining room
la **sala de estar** family room
el **baño,** el **excusado** bathroom
la **oficina** office

la **terraza** terrace
el **techo** roof
el **balcón** balcony
el **sótano** basement
la **piscina,** la **alberca** swimming pool
el **patio** yard
la **pared** wall
el **pasillo** hallway

Match the items in column B with those in column A.

A	B
1. office	____ a. pasillo
2. garage	____ b. sala
3. hallway	____ c. piscina, alberca
4. terrace	____ d. pared
5. bathroom	____ e. oficina
6. entrance	____ f. cocina
7. wall	____ g. sótano
8. family room	____ h. patio
9. yard	____ i. garaje
10. bedroom	____ j. entrada
11. swimming pool	____ k. dormitorio, recámara
12. roof	____ l. comedor
13. living room	____ m. sala de estar
14. basement	____ n. baño, excusado
15. kitchen	____ o. terraza
16. dining room	____ p. techo
17. balcony	____ q. balcón

LESSONS 1–5 # VOCABULARY REVIEW

A. Circle the word that does not belong in each group.

1. avenida, calle, teniente
2. ladrona, clínica, robo
3. derecho, luego, más tarde
4. desastre, momento, accidente
5. sargento, teniente, tráfico
6. aquí, allí, pero
7. prendida, cuarto, encendida
8. incendio, llave, bombero
9. denuncio, aviso, riego
10. entramos, deseamos, queremos
11. asalto, asesinato, fuego
12. huracán, terremoto, motín
13. chantaje, secuestro, contrabando
14. aeropuerto, centro camionero, tienda
15. hospital, cementerio, cárcel
16. mota, coca, pegao
17. recámara, baño, techo
18. pasillo, entrada, pared
19. terraza, cocina, balcón
20. oficina, excusado, dormitorio

B. Circle the appropriate expression in order to complete each sentence. Then read the sentence aloud.

1. Hay un incendio en mi casa. Necesito (ayuda, humo, fecha).
2. Ella llena el (ojo, robo, informe) de accidente.
3. Debe (tomar, tratar, señalar) de no parpadear.
4. El agente detiene al hombre porque su carro (usa, visita, zigzaguea).
5. Salga del (carro, niño, diario), por favor.
6. Voy a estar (prendido, encendido, de vuelta) el siete de abril.
7. ¿Cuánto tiempo (contestan, piensan, recogen) estar de vacaciones?
8. Voy a (dejar, salir, caminar) una luz prendida.
9. La telefonista (llega, contesta, llama) varias llamadas telefónicas.
10. La casa de mi ex-esposa (queda, regresa, debe) en la calle Magnolia.
11. ¿Van a (continuar, dejar, llevar) la luz de la cocina prendida?
12. Mi vecino va a (gritar, regar, recoger) nuestra correspondencia.
13. ¿Cuál es su dirección (completa, perdida, lastimada)?

14. ¿Alguien (tiene, come, piensa) la llave de su casa?

15. Debes salir de la casa (despacio, más tarde, en seguida). ¡Rápido!

16. Ella vive (esta noche, enfrente, porque) de mi casa.

17. Voy a llamar a los bomberos (conmigo, nuevo, desde) la casa de mi vecino.

18. El agente (señala, cree, parpadea) su frente: ¡Mire aquí!

19. En mi opinión, él (visita, tiene, trata) sífilis.

20. Cuando estoy enfermo, (voy, mando, denuncio) al médico.

21. A ver… el hotel está (entre, hasta, por) la calle Sol y la avenida Cuarta.

22. Vamos a ver. ¿A qué (mozo, hora, robo) regresa su hija? ¿Al mediodía?

23. Vamos. ¿Cuántas (llamadas, cocinas, cuadras) debemos caminar?

24. ¿No estás herido? ¿Estás (solo, resfriado, bien)?

25. La recepcionista está al (teléfono, robo, informe) ahora.

26. Cuando como estoy en el (pasillo, comedor, baño).

27. El drogadicto fuma (coca, mota, chocolate).

28. No más (quiero, tomo, tengo) sueño.

29. La esposa de mi hermano es mi (cuñada, tía, abuela).

30. Generalmente un médico trabaja en (la cárcel, el hospital, la oficina de correos).

C. **Complete the following sentences by matching the items in column A with those in column B. Then read each sentence aloud.**

A

1. ¿Da usted sangre ____
2. ¿Está ____
3. ¿Trabaja en la Sección ____
4. ¿Qué ____
5. ¿Quién ____
6. ¿Hablas español un ____
7. ¿Qué fecha es ____
8. ¿No es cierto que él ____
9. ¿Ella está ____
10. ¿Cómo te ____
11. ¿Cuántas cuadras ____
12. ¿Dónde queda el ____
13. ¿Ud. trabaja de ____
14. ¿Por qué estás aquí a ____
15. ¿A dónde ____

B

a. pasa?
b. llamas, niña?
c. hoy?
d. Departamento del Sheriff?
e. sola en la casa?
f. esta hora de la noche?
g. debo caminar?
h. mesero?
i. van ustedes?
j. habla?
k. a veces?
l. poco?
m. es drogadicto?
n. de Tráficos?
o. Carlos?

D. Write these words in Spanish. What expression is formed vertically?

1. park   – |– – – –

2. police   – – |– – – –

3. at work: **en el** |– – – – – –

4. cooperation   – |– – – – – – – –

5. at your service: **a sus** ____ |– – – – – –

6. slowly |– – – – – – –

7. to get out   – – – |–

8. always |– – – – – –

9. quickly   – – |– – – –

10. boy   – – – – |– – – –

11. she picks up |– – – – –

12. eye |– –

E. Crucigrama.

HORIZONTAL

1. Necesito insulina. Tengo ____ .

4. por la mañana, por la tarde, y por la ____

5. a menudo

7. Soy ____ . Aquí está mi tarjeta de inmigración.

9. incendio

10. Soy de Estados Unidos. Soy ____ norteamericano.

11. camarera

13. siete días

16. Trabaja en la ____ de Robos.

18. *inside,* en español

19. *receptionist,* en español

22. Está en el hospital. Está muy ____ .

24. ¡____ o disparo!

27. M.D., en México

28. El drogadicto tiene marcas de ____ en el brazo y en la mano.

30. ¿Mi ____ ? Tengo veinte años.

31. *collision,* en español

34. ¿Debo ____ a la derecha o a la izquierda?

35. La cocaína es una ____ .

36. «*freeze,*» en español

38. Nota ____ de que está bajo la influencia de narcóticos.

39. correspondencia

40. *I have a cold:* estoy ____ .

41. *several,* en español

VERTICAL

1. Trabaja en el ____ del Sheriff.
2. *blood,* en español
3. *girl,* en español
6. periódico
8. el papá y la mamá: los ____
11. opuesto (*opposite*) de «medianoche»
12. *I observe,* en español
14. El agente ____ al ladrón.
15. En México, «zacate»
17. coche, automóvil
20. Yo vivo en la ____ Universidad, número 503.
21. *patrol car:* carro ____
23. esposo
25. estación de policía
26. opuesto de «mediodía»
29. *accident,* en español
32. *narcotics,* en español
33. acera
37. ¡auxilio!

48

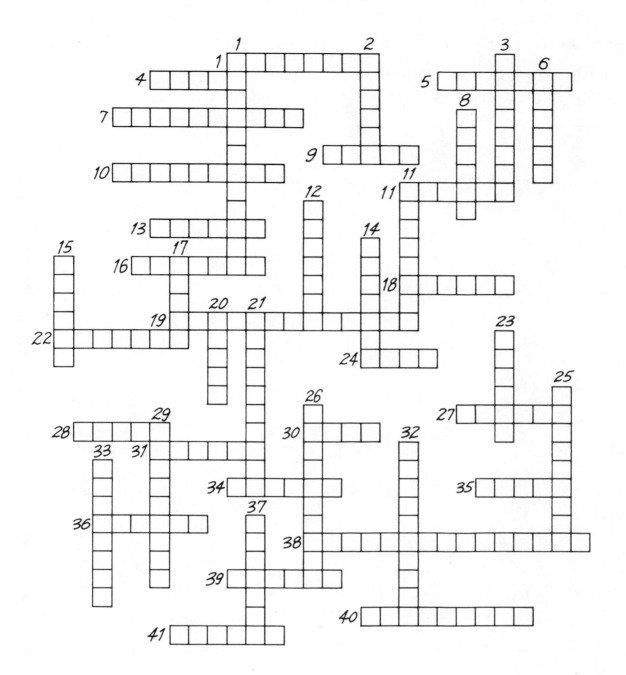

Lesson 6

¡Suena el teléfono!

A la noche siguiente, la telefonista tiene que contestar otras llamadas.

SEÑORITA X —¿Policía? ¡Por favor! ¡Necesito ayuda!

TELEFONISTA —Qué pasa, señorita?

SEÑORITA X —Hay un hombre extraño en el patio de mi casa.

TELEFONISTA —¿Está usted sola o hay alguien con usted?

SEÑORITA X —No, no hay nadie conmigo. Mis padres no vuelven hasta la semana próxima.

TELEFONISTA —¿Cómo es el hombre… ? ¿Alto… bajo… ?

SEÑORITA X —De estatura mediana… moreno… con barba y bigote…

TELEFONISTA —¿Qué ropa lleva puesta?

SEÑORITA X —Pantalón marrón y camisa rosada… Y hay un camión verde estacionado frente a mi casa.

TELEFONISTA —¿Cuál es su dirección completa?

SEÑORITA X —Calle Tercera, número cuatrocientos quince.

TELEFONISTA —¿Qué calle cruza su calle?

SEÑORITA X —La Avenida Universidad.

TELEFONISTA —En seguida mando un carro patrullero.

Otra vez suena el teléfono.

SEÑORA X —Llamo para avisar que hay un hombre y una mujer en la casa de mis vecinos, y ellos no están…

TELEFONISTA —¿Sus vecinos no están… ?

SEÑORA X —No… están de vacaciones… y no hay nadie en la casa…

TELEFONISTA —¿El hombre y la mujer están dentro o fuera de la casa?

SEÑORA X —Dentro. La casa está oscura, pero tienen una linterna.

TELEFONISTA —¿Cuál es la dirección de sus vecinos?

SEÑORA X —Fairfax, número quinientos noventa y seis…

* * *

The Phone Is Ringing!

On the following night, the dispatcher has to answer other calls.

MISS X: Police? Please! I need help!

DISPATCHER: What's the matter, Miss?

MISS X: There is a strange man in the backyard of my house.

DISPATCHER: Are you alone, or is there anyone with you?

MISS X: No, there isn't anybody with me. My parents aren't coming back until next week.

DISPATCHER: What does the man look like . . . ? (Is he) tall . . . short . . . ?

MISS X: Medium height . . . dark . . . with (a) beard and (a) moustache. . . .

DISPATCHER: What kind of clothes is he wearing?

MISS X:	Brown pants and pink shirt. . . . And there is a green truck parked in front of my house.
DISPATCHER:	What is your complete address?
MISS X:	415 Third Street.
DISPATCHER:	Which street crosses your street?
MISS X:	University Avenue.
DISPATCHER:	I'll send a patrol car right away.

Again the phone rings.

MRS. X:	I'm calling to report that there is a man and a woman at my neighbors' house, and they aren't (home). . . .
DISPATCHER:	Your neighbors aren't (home) . . . ?
MRS. X:	No, . . . they're on vacation . . . and there's nobody in the house. . . .
DISPATCHER:	Are the man and the woman inside or outside the house?
MRS. X:	Inside. The house is dark, but they have a flashlight.
DISPATCHER:	What is your neighbors' address?
MRS. X:	596 Fairfax. . . .

VOCABULARY

NOUNS

la **barba**   beard
el **bigote**   moustache
el **camión**   truck (*in Mexico, also* bus)
la **camisa**   shirt
la **linterna**   flashlight
el **pantalón**   pants
la **ropa**   clothes

VERBS

cruzar   to cross
sonar (o>ue)   to ring (phone, doorbell, etc.)

ADJECTIVES

alto(a)   tall
bajo(a), bajito(a), chaparro(a)   short (*height*)
estacionado(a), aparcado(a), parqueado(a)
   parked

extraño(a)   strange
marrón, café, pardo   brown
oscuro(a)   dark
otro(a)   other, another
rosado(a)   pink
siguiente   following
verde   green

OTHER WORDS AND EXPRESSIONS

a la noche siguiente   on the following night
¿cómo es... ?   what is he (or she) like? what does he (or she) look like?
de estatura mediana   of medium height
frenta a   in front of
fuera, afuera   outside
llevar puesto(a)   to wear, to have on
otra vez   again

DIALOGUE RECALL PRACTICE

Study the dialogues you have just read; then complete the sentences below. If you cannot recall certain words, reread the dialogues, focusing on the words you missed and learning them within the context of the sentence in which they appear.

A la noche siguiente, la telefonista tiene que contestar otras llamadas.

SEÑORITA X   —¿Policía? ¡. . . . . ! ¡Necesito

. . . . !

TELEFONISTA   —¿. . . . . , señorita?

SEÑORITA X   —Hay un . . . . en el patio de

. . . .

52

TELEFONISTA —¿Está usted .... o hay .... con

.... ?

SEÑORITA X —No, no hay .... Mis padres no

.... hasta ....

próxima.

TELEFONISTA —¿Cómo .... el .... ?

¿............................. ....?

SEÑORITA X —De .... moreno... con

.... y ....

TELEFONISTA —¿Qué .... puesta?

SEÑORITA X —............................. marrón y .... rosada... Y hay un

.... verde .... frente a

....

TELEFONISTA —¿Cuál es su .... ?

SEÑORITA X —............................. Tercera, ... cuatrocientos quince.

TELEFONISTA —¿Qué calle .... su .... ?

SEÑORITA X —La .... Universidad.

TELEFONISTA —En seguida .... un ....

....

Otra vez suena el teléfono.

SEÑORA X —Llamo para .... que hay un .... y una

.... en la casa de mis .... , y ellos no

....

TELEFONISTA —¿Sus .... no ....?

SEÑORA X —No,... están de .... y no hay .... en la

....

TELEFONISTA —¿El hombre y la .... están .... o

.... de la casa?

SEÑORA X	—.............................. . La casa ....,
	pero tienan una .... Está ....
TELEFONISTA	—¿Cuál es la .... de sus .... ?
SEÑORA X	—Fairfax, ... quinientos noventa y seis...

LET'S PRACTICE!

A. **Write sentences using the following words.** **Be sure to use the definite articles, where needed.**

1. mañana / jueves

....

2. lunes y viernes / tener / clases

....

3. mujeres / querer / igualdad

....

4. mes / próximo / ir / vacaciones

....

B. **Complete the following chart.**

INFINITIVO	YO	TÚ	UD., ÉL, ELLA	NOSOTROS	UDS., ELLOS, ELLAS
	vuelo				
		puedes			
			recuerda		
				dormimos	
					vuelven

C. **Change these sentences into the affirmative.**

1. No hay ni un hombre ni una mujer en el patio.

....

2. No hay nadie con ella.

....

3. Nunca cruzo la calle solo.

....

54

4. No tengo ninguna camisa rosada.

    ....

5. No necesitamos nada para comer.

    ....

D. Give the Spanish equivalent, using *hay que* or *tener que*, as needed.

1. One must cross the street at the corner.

    ....

2. We have to cross the street at the corner.

    ....

QUESTION-ANSWER EXERCISE

A. Answer the following questions in complete sentences.

1. ¿Qué pasa en la Comisaría Cuarta a la noche siguiente?

    ....

2. ¿Por qué llama la señorita X?

    ....

3. ¿Hay alguien con la señorita X?

    ....

4. ¿Cuándo vuelven los padres de ella?

    ....

5. ¿Cómo es el hombre que está en el patio?

    ....

6. ¿Qué ropa lleva puesta el hombre?

    ....

7. ¿Qué hay estacionado frente a la casa de la señorita X?

    ....

8. ¿Para qué llama la señora X?

    ....

9. ¿Dónde están el hombre y la mujer? ¿Dentro o fuera de la casa?

....

10. ¿Qué tienen ellos? ¿Por qué?

....

B. And now, answer these personal questions.

1. ¿Cómo es usted? ¿Alto(a)? ¿Bajo(a)? ¿De estatura mediana?

....

2. ¿Qué ropa lleva usted puesta?

....

3. ¿Tiene usted un camión?

....

4. ¿Hay algún coche estacionado frente a su casa?

....

5. ¿Qué calle cruza su calle?

....

6. ¿Hay alguien en su casa ahora?

....

7. ¿Está usted dentro o fuera de la casa ahora?

....

8. ¿Tiene usted una linterna?

....

DIALOGUE COMPLETION

Use your imagination and the vocabulary you have learned in this lesson to complete the missing parts of this dialogue.

La telefonista y la señora X.

TELEFONISTA — ....

SEÑORITA X   —Necesito ayuda. Hay un hombre extraño en el patio de mi casa.

TELEFONISTA — ....

SEÑORITA X   —Sí, mi hijo de seis años está conmigo.

56

TELEFONISTA — ....

SEÑORITA X —Bajito… moreno…

TELEFONISTA — ....

SEÑORITA X —No, no tiene ni barba ni bigote.

TELEFONISTA — ....

SEÑORITA X —Lleva puesto un pantalón verde… no tiene camisa…

TELEFONISTA — ....

SEÑORITA X —Calle Quinta, número seiscientos treinta y dos.

TELEFONISTA — ....

SITUATIONAL EXERCISE

What would you say in the following situations?

1. You are a dispatcher, and someone calls to report a Peeping Tom. Ask the caller if she is alone or if there's someone with her. Ask her to give you her complete address, and then to name the nearest cross street.
2. Call the police. Tell them there is a brown truck parked in front of your house. Ask them if they can send a patrol car right away.
3. You are leaving for a few minutes. Tell a friend you'll be right back.

YOU'RE ON YOUR OWN!

Act out the following situations with your partner:

1. A dispatcher talking to a person who calls to report that there is a strange man or woman in his or her backyard.
2. A dispatcher talking to a person who calls to report an intruder in his or her neighbor's house.

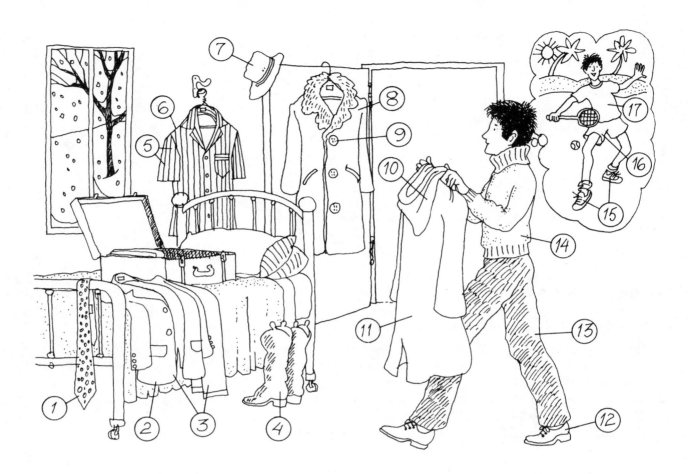

1. la corbata
2. el saco (*jacket*)
3. el traje
4. las botas
5. a rayas (*pin-striped*)
6. la camisa
7. el sombrero
8. el abrigo
9. el botón
10. la capucha
11. el impermeable
12. el zapato
13. el pantalón
14. el suéter
15. el zapato de tenis
16. los shorts
17. la camiseta (*T-shirt*)

1. la blusa
2. floreado(a) (*flowered*)
3. de mangas cortas (*short-sleeved*)
4. el cuello de piel
5. la chaqueta
6. el bolsillo
7. el pantalón
8. la bolsa, la cartera
9. los guantes
10. a cuadros (*plaid*)
11. el abrigo de piel
12. sin mangas (*sleeveless*)
13. a lunares (*polka dot*)
14. el cinturón, el cinto
15. la falda
16. la sandalia (*sandal*)
17. el zapato
18. el vestido
19. estampado(a) (*print*)
20. de mangas largas (*long-sleeved*)
21. el cuello

¿Qué ropa llevan puesta estas personas?

1. ....
2. ....
3. ....
4. ....
5. ....
6. ....
7. ....
8. ....
9. ....
10. ....
11. ....

12. ....
13. ....
14. ....
15. ....
16. ....
17. ....
18. ....
19. ....
20. ....
21. ....
22. ....

¿Qué ropa llevan puesta estas personas?

1. ....
2. ....
3. ....
4. ....
5. ....
6. ....
7. ....
8. ....
9. ....
10. ....

11. ....
12. ....
13. ....
14. ....
15. ....
16. ....
17. ....
18. ....
19. ....

[1]El vestido [2]el cuello [3]de mangas largas [4]los zapatos [5]la blusa [6]floreado [7]de mangas cortas [8]el pantalón [9]la sandalia [10]sin mangas [11]el bolsillo [12]el cinturón, el cinto [13]la falda [14]estampado [15]el suéter [16]el pantalón [17]la camiseta [18]los shorts [19]el zapato de tenis

Lesson 7

Problemas de la ciudad

Por la mañana: El agente Flores habla con el dueño de una licorería después de un robo.

AGENTE FLORES	—¿Dice usted que los ladrones son muy jóvenes… ? ¿Puede describirlos?
DUEÑO	—Sí. El hombre es rubio, de ojos azules, y la mujer es pelirroja, de ojos verdes…
AGENTE FLORES	—¿Qué más recuerda?
DUEÑO	—El hombre mide unos seis pies, y ella mide unos cinco pies, dos pulgadas. Él es delgado, ella es más bien gorda…
AGENTE FLORES	—¿Algunas marcas visibles?
DUEÑO	—El tiene un tatuaje en el brazo izquierdo. Ella tiene pecas…
AGENTE FLORES	—Usted no los conoce, ¿verdad? No son clientes…
DUEÑO	—No, pero sé que los puedo reconocer si los veo otra vez…
AGENTE FLORES	—¿Qué clase de carro manejan?
DUEÑO	—Un Chevrolet amarillo, de dos puertas. Es un carro viejo…
AGENTE FLORES	—¿Algo más?
DUEÑO	—Sí, creo que sí… él fuma cigarrillos negros… de México… ¡y es zurdo!
AGENTE FLORES	—Si recuerda algo más, ¿puede llamarme a este número?
DUEÑO	—Cómo no, señor.

Por la tarde: El agente Flores ve a un hombre que está parado frente a una escuela. Sospecha que el hombre tiene drogas para vender, porque hay muchos estudiantes que toman drogas.

AGENTE FLORES	—¿Qué hace usted aquí? ¿Espera a alguien?
HOMBRE	—No,… no hago nada…
AGENTE FLORES	—¿Tiene alguna identificación? ¿Su licencia para conducir, por ejemplo?
HOMBRE	—No, aquí no… la tengo en casa…
AGENTE FLORES	—¿Quiere acompañarme al carro, por favor? Quiero hablar con usted.

Por la noche: El agente Flores sale de la comisaría para ir a su casa. En la zona de estacionamiento, ve a un hombre en el suelo. Corre hacia él.

AGENTE FLORES	—¿Qué tiene? ¿Está lastimado?
HOMBRE	—No,… creo que… un ataque al corazón…
AGENTE FLORES	—¿Tiene alguna medicina para el corazón?
HOMBRE	—Sí,… en la guantera del carro…
AGENTE FLORES	—(*Trae la medicina*) Aquí está. Ahora voy a llamar a los paramédicos…

* * *

Problems of the City

In the morning: Officer Flores speaks with the owner of a liquor store after a burglary.

OFFICER FLORES:	You're saying the burglars are very young . . . ? Can you describe them?
OWNER:	Yes. The man is blond, with blue eyes, and the woman is red-haired, with green eyes. . . .
OFFICER FLORES:	What else do you remember?
OWNER:	The man is (measures) about six feet, and she is about five feet, two inches. He's thin, she is rather fat. . . .
OFFICER FLORES:	Any visible marks?
OWNER:	He has a tattoo on his left arm. She has freckles. . . .
OFFICER FLORES:	You don't know them, right? They're not customers. . . .
OWNER:	No, but I know that I can recognize them if I see them again. . . .
OFFICER FLORES:	What kind of car are they driving?
OWNER:	A two-door yellow Chevrolet. It's an old car. . . .
OFFICER FLORES:	Anything else?
OWNER:	Yes, I think so . . . he smokes black cigarettes . . . from Mexico . . . and he's left-handed!
OFFICER FLORES:	If you remember anything else, can you call me at this number?
OWNER:	Certainly, sir.

In the afternoon: Officer Flores sees a man who is standing in front of a school. He suspects that the man has drugs to sell, because there are many students who take drugs.

OFFICER FLORES:	What are you doing here? Are you waiting for someone?
MAN:	No, . . . I'm not doing anything . . .
OFFICER FLORES:	Do you have any identification? Your driver's license, for instance?
MAN:	No, not here . . . I have it at home. . . .
OFFICER FLORES:	Do you want to come with me to the car, please? I want to speak to you.

In the evening: Officer Flores leaves the police station to go home. In the parking lot, he sees a man on the ground. He runs toward him.

OFFICER FLORES:	What's wrong? Are you hurt?
MAN:	No, . . . I think . . . a heart attack. . . .
OFFICER FLORES:	Do you have any heart medicine (medicine for the heart)?
MAN:	Yes, . . . in the glove compartment of the car. . . .
OFFICER FLORES:	*(Brings the medicine)* Here it is. Now I'm going to call the paramedics. . . .

VOCABULARY

COGNATES

la **identificación**	identification	el, la **paramédico(a)**	paramedic
la **medicina**	medicine	**visible**	visible

NOUNS

el **cigarrillo**	cigarette	la **peca**	freckle
la **clase**	kind, type, class	el **pie**	foot
el, la **cliente(a)**	customer	la **puerta**	door
el **corazón**	heart	la **pulgada**	inch
el, la **dueño(a)**	owner	el **suelo**	ground, floor
la **escuela**	school	el **tatuaje**	tattoo
la **guantera**	glove compartment	la **zona de estacionamiento**	parking lot
la **licorería**	liquor store		

64

VERBS

acompañar   to accompany, to go (come) with

correr   to run

describir   to describe

fumar   to smoke

manejar   to drive

medir (e>i)   to measure

reconocer (*conj. like* **conocer**)   to recognize

sospechar   to suspect

ADJECTIVES

amarillo(a)   yellow

azul   blue

delgado(a)   thin

gordo(a)   fat

joven   young

rubio(a)   blond

viejo(a)   old

zurdo(a)   left-handed

OTHER WORDS AND EXPRESSIONS

a este número   at this number

ataque al corazón   heart attack

¡cómo no!   certainly!, gladly!, sure!

creo que sí   I think so

de ojos... (*color*)   with . . . (*color*) eyes

después de   after

hacia   toward

más bien, medio   rather

medir...   to be . . . tall

parado(a)   standing

por ejemplo   for example

¿qué tiene?   what's wrong?

unos(as)...   about

¿verdad?   right?, true?

DIALOGUE RECALL PRACTICE

Study the dialogues you have just read; then complete the sentences below. If you cannot recall certain words, reread the dialogues, focusing on the words you missed and learning them within the context of the sentence in which they appear.

Por la mañana: El agente Flores habla con el dueño de una licorería después de un robo.

AGENTE FLORES   —¿Dice usted que los .... muy

.... ? ¿Puede .... ?

DUEÑO   —Sí. El hombre es .... , de ....

.... , y la mujer es .... de

....

AGENTE FLORES   —¿Qué .... ?

DUEÑO   —El hombre mide unos seis .... , y ella

.... unos cinco .... , dos

.... Él es .... , ella es

....

AGENTE FLORES   —¿Algunas .... ?

DUEÑO   —Él tiene un .... en el ....

.... Ella tiene ....

AGENTE FLORES —Usted no .... ¿verdad? No son

....

DUEÑO —No, pero .... que ....

.... si ....

.... otra vez.

AGENTE FLORES —¿Qué .... de carro .... ?

DUEÑO —Un Chevrolet .... , de dos .... Es un

carro ....

AGENTE FLORES —¿Algo .... ?

DUEÑO —Sí, ...

él .... cigarrillos negros... de México... ¡y

.... !

AGENTE FLORES —Si recuerda .... , ¿puede

.... a este .... ?

DUEÑO —Cómo .... , señor.

Por la tarde: El agente Flores ve a un hombre que está parado frente a una escuda.

AGENTE FLORES —¿Qué .... usted .... ? ¿Espera a

.... ?

HOMBRE —No,... no ....

AGENTE FLORES —¿Tiene alguna .... ? ¿Su licencia para conducir,

.... ?

HOMBRE —No, aquí no... .... en casa...

AGENTE FLORES —¿Quiere .... al carro, por favor? ....

hablar ....

Por la noche: El agente Flores ve a un hombre en el suelo. Corre hacia él.

AGENTE FLORES —¿............................. ? ¿Está lastimado?

HOMBRE —No,... creo que... un ....

....

AGENTE FLORES —¿Tiene alguna .... para el corazón?

HOMBRE   —Sí,... en la .... del carro...

AGENTE FLORES   —(*Trae la medicina*) .... Ahora voy a

llamar a ....

LET'S PRACTICE!

A.   **Complete the following verb chart.**

INFINITIVO	YO	TÚ	UD., ÉL, ELLA	NOSOTROS	UDS., ELLOS, ELLAS
conseguir					
	sirvo				
		pides			
			sigue		
				decimos	
					persiguen

B.   **Answer the following questions using *tampoco*.**

Model: —Ella **no** sabe mi dirección.   ¿Y usted?
           —*Yo **tampoco** la sé.*

1. Ella no trae la medicina.   ¿Y usted?

    ....

2. Ella no conduce el carro verde.   ¿Y usted?

    ....

3. Ella no conoce a los paramédicos.   ¿Y usted?

    ....

4. Ella no traduce las tarjetas.   ¿Y usted?

    ....

5. Ella no ve al hombre pelirrojo.   ¿Y usted?

    ....

6. Ella no sabe mi número de teléfono.   ¿Y usted?

    ....

QUESTION-ANSWER EXERCISE

A. Answer the following questions in complete sentences.

1. ¿Con quién habla el agente Flores después del robo?

   ....

2. ¿Son jóvenes o viejos los ladrones?

   ....

3. ¿Puede el dueño describir a los ladrones?

   ....

4. ¿Cómo es el hombre?

   ....

5. ¿Cómo es la mujer?

   ....

6. ¿Quién es más alto, el hombre o la mujer?

   ....

7. ¿Quién es más gordo, el hombre o la mujer?

   ....

8. ¿Es delgada la mujer?

   ....

9. ¿Qué marcas visibles tiene el hombre?

   ....

10. ¿Qué marcas visibles tiene la mujer?

    ....

11. ¿Conoce el dueño de la licorería a los ladrones?

    ....

12. ¿Cree el dueño que puede reconocer a los ladrones si los ve otra vez?

    ....

13. ¿Qué clase de carro manejan los ladrones?

    ....

14. ¿Qué clase de cigarrillos fuma el hombre?

   ....

15. ¿Qué ve el agente Flores por la tarde?

   ....

16. ¿Qué sospecha el agente Flores?

   ....

17. ¿Tiene el hombre alguna identificación?

   ....

18. ¿Qué ve el agente Flores en la zona de estacionamiento?

   ....

19. ¿Qué hace el agente Flores cuando lo ve?

   ....

20. ¿Qué tiene el hombre?

   ....

21. ¿Tiene el hombre alguna medicina para el corazón?   ¿Dónde?

   ....

22. ¿A quiénes va a llamar el agente Flores?

   ....

B. And now, answer these personal questions.

   1. ¿Cuánto mide usted?

   ....

   2. ¿Es usted cliente de una licorería?

   ....

   3. ¿Qué clase de coche maneja usted?

   ....

   4. ¿Puede usted llamarme por teléfono mañana?

   ....

DIALOGUE COMPLETION

Use your imagination and the vocabulary learned in this lesson to complete the missing parts of this dialogue:

El señor Rivas describe a una ladrona.

AGENTE ALCALÁ —...

SR. RIVAS —Sí, es alta, rubia de ojos verdes, más bien delgada y muy bonita.

AGENTE ALCALÁ —...

SR. RIVAS —No recuerdo mucho... Mide unos cinco pies y diez pulgadas...

AGENTE ALCALÁ —...

SR. RIVAS —No, no tiene ninguna marca visible...

AGENTE ALCALÁ —...

SR. RIVAS —Sí, yo creo que puedo reconocerla...

AGENTE ALCALÁ —...

SR. RIVAS —Un Mazda amarillo de cuatro puertas.

AGENTE ALCALÁ —...

SR. RIVAS —¡Ah, sí! ¡Ahora recuerdo! ¡Es zurda!

AGENTE ALCALÁ —...

SITUATIONAL EXERCISE

What would you say in the following situations?

1. You are investigating a burglary. Ask the witness if he can recognize the burglar if he sees him again. Ask him how tall the burglar is, and if he has any visible marks. Ask him also what kind of car he drives.
2. You see a suspect standing near a school. Ask him what he's doing there. Ask him if he's waiting for a student, and if he has (any) identification.
3. You see a woman who seems to be sick. Ask her what's wrong and then tell her you're going to call the paramedics.
4. You are very sick. Tell someone who has come to help you that you have heart medicine in your pocket. Ask him if he can please call the paramedics.
5. Your partner has been hurt. Ask a passerby if he can please call the police, because there is a police officer who needs help.

YOU'RE ON YOUR OWN!

Act out the following situations with a partner:

1. An officer who is investigating a burglary, talking to a witness.

2. An officer asking a man or woman for identification, and then asking him or her to accompany him to the police car.

3. An officer trying to help an apparent heart-attack victim.

VOCABULARY EXPANSION

el **banco**   bank
el **café**   cafe
la **carnicería**   meat market
la **estación de servicio,** la **gasolinera**   service station
la **farmacia**   pharmacy
la **ferretería**   hardware store
la **florería**   flower shop
la **heladería**   ice cream parlor
la **joyería**   jewelry, jewelry store
la **juguetería**   toy store

la **lavandería**   laundromat
la **librería**   bookstore
el **mercado,** la **marqueta**   market
la **panadería**   bakery
el **restaurante**   restaurant
el **supermercado**   supermarket
el **taller de mecánica**   repair shop
la **tienda**   store
la **tintorería**   dry cleaner's
la **zapatería**   shoe store

Match the items in column B with those in column A.

A	*B*
1. toy store	____ a. carnicería
2. service station	____ b. lavandería
3. ice cream parlor	____ c. taller de mecánica
4. shoe store	____ d. supermercado
5. dry cleaner's	____ e. gasolinera, estación de servicio
6. bank	____ f. café
7. repair shop	____ g. florería
8. pharmacy	____ h. ferretería
9. flower shop	____ i. banco
10. cafe	____ j. joyería
11. restaurant	____ k. heladería
12. meat market	____ l. farmacia
13. hardware store	____ m. juguetería
14. jewelry, jewelry store	____ n. lavandería
15. laundromat	____ o. librería
16. bookstore	____ p. tienda
17. market	____ q. panadería
18. store	____ r. zapatería
19. supermarket	____ s. restaurante
20. bakery	____ t. mercado, marqueta

Lesson 8

Pelea familiar

José Aguirre llama a la policía porque su padrastro le está pegando a su mamá. El agente Vera va a la casa del muchacho para investigar.

AGENTE VERA	—¿Ésta es la casa de la familia Aguirre?
JOSÉ	—Sí. Pase, por favor. Mi mamá y mi padrastro están encerrados en la recámara.
AGENTE VERA	—¿Qué pasa?
JOSÉ	—Siempre que mi mamá le pide dinero para comprar comida, mi padrastro le dice que no tiene dinero…
AGENTE VERA	—¿Está trabajando tu padrastro?
JOSÉ	—Ahora no tiene trabajo. Pero va a la cantina y vuelve borracho…
AGENTE VERA	—¿Tiene algún arma él?
JOSÉ	—Sí, tiene un rifle y un cuchillo…
AGENTE VERA	—(*Golpea en la puerta de la recámara*) Señor Aguirre, soy agente de policía y necesito hablarle. ¿Quiere salir, por favor?
SR. AGUIRRE	—(*Desde adentro*) ¡No! ¡No quiero hablar con nadie, y menos con un marrano!
SRA. AGUIRRE	—(*Saliendo de la recámara*) ¡Está enojado porque le estoy diciendo que es un vago y un borracho!
AGENTE VERA	—¿Está lastimada?
SRA. AGUIRRE	—¡Claro que sí! Siempre estoy llena de moretones…
AGENTE VERA	—Si usted quiere, puedo llevarlo a la comisaría…
SRA. AGUIRRE	—No sé… Tengo miedo… Mi marido tiene muy mal carácter…
AGENTE VERA	—¿Tienen usted y sus hijos algún lugar para pasar la noche?
SRA. AGUIRRE	—Podemos ir a la casa de mi suegra…
AGENTE VERA	—Se lo pregunto porque yo creo que puede ser peligroso pasar la noche aquí…
SRA. AGUIRRE	—Bueno, voy a llamar a mis hijos…
AGENTE VERA	—Yo voy a tratar de hablarle.
SRA. AGUIRRE	—No le va a hacer caso, porque cuando está borracho es como un animal…
AGENTE VERA	—Hay programas especiales que pueden ayudarlo… y a usted también.
SRA. AGUIRRE	—¿Por qué no se lo dice a él?
AGENTE VERA	—(*Le da una tarjeta*) Éste es el número de teléfono de la clínica. ¿Por qué no los llama mañana?

A Domestic Squabble

José Aguirre calls the police because his stepfather is hitting his mother. Officer Vera goes to the boy's home to investigate.

OFFICER VERA:	Is this the Aguirre residence?
JOSÉ:	Yes, Come in, please. My mom and stepfather are locked in the bedroom.
OFFICER VERA:	What's the matter?

JOSÉ:	Every time my mom asks him for money to buy food, my stepfather tells her he doesn't have any (money). . . .
OFFICER VERA:	Is your stepfather working?
JOSÉ:	Right now he doesn't have a job. But he goes to the bar, and comes back drunk. . . .
OFFICER VERA:	Does he have any weapon?
JOSÉ:	Yes, he has a rifle and a knife. . . .
OFFICER VERA:	(*Knocks on the bedroom door*) Mr. Aguirre, I'm a police officer and I need to talk to you. Will you come out here, please?
MR. AGUIRRE:	(*From within*) No! I don't want to speak with anyone, much less with a pig!
MRS. AGUIRRE:	(*Coming out of the bedroom*) He's mad because I'm telling him he's a bum and a drunk!
OFFICER VERA:	Are you hurt?
MRS. AGUIRRE:	Of course I am! I'm always covered with bruises. . . .
OFFICER VERA:	If you want, I can take him to the station . . .
MRS. AGUIRRE:	I don't know . . . I'm afraid . . . My husband has a very bad temper. . . .
OFFICER VERA:	Do you and your children have any place to spend the night?
MRS. AGUIRRE:	We can go to my mother-in-law's house. . . .
OFFICER VERA:	I'm asking you because I believe it can be dangerous to spend the night here. . . .
MRS. AGUIRRE:	Okay, I'm going to call my children. . . .
OFFICER VERA:	I'm going to try to speak to him.
MRS. AGUIRRE:	He's not going to pay attention to you, because when he's drunk, he's like an animal. . . .
OFFICER VERA:	There are special programs which can help him . . . and you too.
MRS. AGUIRRE:	Why don't you tell (it to) him?
OFFICER VERA:	(*Gives her a card*) This is the (telephone) number of the clinic. Why don't you call them tomorrow?

VOCABULARY

COGNATES

el **animal**	animal	el **rifle**	rifle
la **familia**	family		

NOUNS

el **arma** (*f.*) weapon
el, la **borracho(a)** drunk, drunkard
la **cantina,** el **bar** bar
la **comida** food, meal
el **cuchillo** knife
el **lugar** place
el **marido,** el **esposo** husband
el **marrano,** el **puerco,** el **cerdo** pig
el **moretón** bruise
el **padastro** stepfather
la **pelea** squabble, fight
la **puerta** door
la **recámara** bedroom
la **suegra** mother-in-law
el, la **vago(a)** bum

VERBS

ayudar to help
comprar to buy
golpear to knock, to hit
investigar to investigate
pasar to spend (time)

pegar to hit
preguntar to ask (a question)

ADJECTIVES

borracho(a) drunk
encerrado(a) locked in, locked up
enojado(a) mad, angry, upset
familiar (pertaining to the) family
peligroso(a) dangerous

OTHER WORDS AND EXPRESSIONS

adentro within, inside
¡claro que sí! of course!
como like, as
desde from
hacer caso to pay attention
lleno(a) de... covered with . . . , full of
mal carácter bad temper
mañana tomorrow
¿quiere...? will you . . . ?
y menos... much less . . .

74

DIALOGUE RECALL PRACTICE

Study the dialogues you have just read; then complete the sentences below. If you cannot recall certain words, reread the dialogues, focusing on the words you missed and learning them within the context of the sentence in which they appear.

El agente Vera investiga una pelea familiar.

AGENTE VERA —¿Ésta es .... la

.... Aguirre?

JOSÉ —Sí. .... , por favor. Mi .... y mi

.... están .... en la

....

AGENTE VERA —¿..................................... .... ?

JOSÉ —Siempre que mi ....

.... dinero para ....

.... , mi padrastro ....

.... que no tiene ....

AGENTE VERA —¿..................................... .... tu padrastro?

JOSÉ —Ahora no .... Pero va a la

.... y ....

AGENTE VERA —¿Tiene .... él?

JOSÉ —Sí, tiene un .... y un ....

AGENTE VERA —*(Golpea en la puerta de la recámara)* Señor Aguirre, ...

.... y necesito

.... ¿Quiere .... , por favor?

SR. AGUIRRE —*(Desde adentro)* ¡No! ¡No .... con

.... , y .... con un

.... !

SRA. AGUIRRE —*(Saliendo de la recámara)* ¡Está .... porque ....

.... que es un ....

y un .... !

AGENTE VERA —¿Está .... ?

SRA. AGUIRRE —¡.. !

Siempre estoy ....

....

AGENTE VERA —Si usted ...., puedo .... a la

....

SRA. AGUIRRE —No sé... .... Mi marido tiene muy

....

AGENTE VERA —¿Tienen usted y .... algún

.... para .... la noche?

SRA. AGUIRRE —Podemos .... a la .... de mi

....

AGENTE VERA —........................... .... porque yo

creo que .... ser .... pasar la

.... aqui...

SRA. AGUIRRE —Bueno, ... a

mis hijos...

AGENTE VERA —Yo .... de

....

SRA. AGUIRRE —No .... a ....

.... , porque cuando está .... es

.... un ....

AGENTE VERA —Hay .... que pueden

.... y a usted ....

SRA. AGUIRRE —¿Por qué no ....

.... a él?

AGENTE VERA —(*Le da una tarjeta*) Éste es el .... de .... de la

.... ¿Por qué no ....

.... ?

LET'S PRACTICE!

A. Supply the appropriate demonstrative adjective before each noun.

1. Este agente, ... mujer, ... borrachos,

   .... cantinas.

2. Esas recámaras, ... arma, ... rifles,

   .... marrano.

3. Aquel cuchillo, ... vagos, ... puerta,

   .... muchachas.

B. Rewrite the following sentences changing the italicized verbs into the present progressive form.

Modelo: El agente **le habla.**
            El agente *está hablándole.*

1. Mi marido le *pide* dinero.

   ....

2. Mi padrastro me *pega.*

   ....

3. Mi suegra no nos *habla.*

   ....

4. El borracho te *llama* «puerco».

   ....

5. Juan les *da* los rifles.

   ....

C. You are needed as an interpreter.   Translate the following sentences into Spanish.

1. Do you want to speak to me?   ....

   Yes, I want to speak to you, Mr. Ceballos.   ....

2. Are you going to ask us for money?   ....

   No, I'm not going to ask you for money, ...

   but I need a job.   ....

3. Is he telling her that I'm drunk?   ....

Yes, and he's also telling her you're a
bum.

....

....

4. Do you always ask your parents for
money?

....

....

Yes, and they always give it to me.

....

QUESTION-ANSWER EXERCISE

A. Answer the following questions in complete sentences.

1. ¿Por qué llama José Aguirre a la policía?

....

2. ¿Para qué va el agente Vera a la casa del muchacho?

....

3. ¿Dónde están encerrados la mamá y el padrastro de José?

....

4. ¿Qué le dice el señor Aguirre a su esposa cuando ella le pide dinero para comprar comida?

....

5. ¿Está trabajando el padrastro de José?

....

6. ¿Cómo vuelve el señor Aguirre cuando va a la cantina?

....

7. ¿Tiene armas el señor Aguirre?

....

8. ¿Qué le dice el agente Vera al señor Aguirre?

....

9. ¿Qué dice el señor Aguirre desde adentro?

....

10. ¿Por qué está enojado el señor Aguirre?

....

11. ¿De qué está siempre llena la señora Aguirre?

....

12. ¿Por qué tiene miedo la señora Aguirre?

    ....

13. ¿Dónde pueden pasar la noche la señora Aguirre y sus hijos?

    ....

14. ¿Cree el agente Vera que el señor Aguirre puede ser peligroso?

    ....

15. ¿Por qué dice la señora Aguirre que su esposo no le va a hacer caso al agente Vera?

    ....

16. ¿Hay algún programa para ayudar a los alcohólicos y a sus familias?

    ....

17. ¿Qué le da el agente Vera a la señora Aguirre?

    ....

B. **And now, answer these personal questions.**

1. ¿Investiga usted peleas familiares?

    ....

2. ¿Está usted encerrado(a) en su recámara ahora?

    ....

3. ¿A quién le pide usted dinero para comprar comida?

    ....

4. ¿Tiene usted muy mal carácter?

    ....

5. ¿Dónde va a pasar usted la noche?

    ....

DIALOGUE COMPLETION

Use your imagination and the vocabulary learned in this lesson to complete the missing parts of this dialogue.

Una pelea familiar.

AGENTE ROCHA — ....

VECINA	—El marido de mi vecina le está pegando…
AGENTE ROCHA	— ....
VECINA	—Sí, siempre le pega… especialmente cuando está borracho…
AGENTE ROCHA	— ....
VECINA	—No sé si tiene armas, pero sé que tiene muy mal carácter.
AGENTE ROCHA	— ....
VECINA	—Sí, claro que sí… ella y sus hijos pueden pasar la noche aquí, en mi casa…
AGENTE ROCHA	— ....
VECINA	—No sé si le va a hacer caso, porque cuando está borracho no piensa…
AGENTE ROCHA	— ....

SITUATIONAL EXERCISE

What would you say in the following situations?

1. You arrive at a house where there is a domestic squabble. Ask if you're at the right house, what is going on, if the stepfather is employed, and whether he is armed.
2. You are talking to a battered wife. Ask her if she's hurt and if she needs to go to the hospital. Tell her you can take her husband in if she wants you to. Ask her if she has a place to spend the night. Finally, inform her that there are special programs to help her husband and her with their problems, and offer her the proper information.

YOU'RE ON YOUR OWN!

Act out the following situations with your partner:

1. A police officer talking with a concerned neighbor who reports the beating of a child by his father.
2. A police officer offering advice to a battered wife.

VOCABULARY EXPANSION

la **ametralladora** machine gun
la **bomba** bomb
la **bomba de tiempo** time bomb
el **cañón** cannon, gun barrel
la **escopeta** shotgun
la **espada** sword
el **explosivo** explosive
la **granada de mano** hand grenade

la **navaja** razor, clasp-(folding) knife
la **patada** kick, blow with the foot
la **pistola** pistol
el **puñal** dagger
el **puñetazo** blow with the closed fist, punch
el **revólver** revolver
la **trompada**, el **trompazo** blow with the closed fist, punch

Match the items in column B with those in column A.

A		B	
1.	hand grenade	_____ a.	pistola
2.	blow with closed fist	_____ b.	trompada, trompazo, puñetazo
3.	dagger	_____ c.	bomba de tiempo
4.	shotgun	_____ d.	ametralladora
5.	pistol	_____ e.	cañón
6.	revolver	_____ f.	navaja
7.	machine gun	_____ g.	explosivo
8.	bomb	_____ h.	escopeta
9.	time bomb	_____ i.	bomba
10.	cannon	_____ j.	bala
11.	sword	_____ k.	patada
12.	explosive	_____ l.	puñal
13.	razor	_____ m.	revólver
14.	kick	_____ n.	espada
15.	bullet	_____ o.	granada de mano

Lesson 9

La prueba del alcohol

El agente López, de la Policía de Patrulla, detiene a un hombre por manejar sin luz a cuarenta millas por hora en un distrito residencial, donde el límite de velocidad es de veinte y cinco millas por hora. El hombre parece estar borracho.

AGENTE —Arrime el carro a la acera y apague el motor, por favor.

HOMBRE —¿Qué pasa, agente?

AGENTE —El límite de velocidad en este lugar es de veinte y cinco millas por hora, no cuarenta.

HOMBRE —Es que estoy muy apurado.

AGENTE —Déjeme ver su licencia para manejar, por favor.

HOMBRE —Está en mi casa…

AGENTE —Muéstreme el registro del coche.

HOMBRE —No lo tengo. El coche no es mío, es de mi tío…

AGENTE —Dígame su nombre, su dirección y su edad, por favor.

HOMBRE —Juan Lara… Calle Quinta, número quinientos veinte… Tengo treinta años…

AGENTE —Bájese del carro, por favor.

HOMBRE —¡Le digo que tengo mucha prisa!

AGENTE —Extienda los brazos, así. Cierre los ojos y tóquese la punta de la nariz.

HOMBRE —No puedo… pero no estoy borracho…

AGENTE —Camine por esa línea hasta el fin y vuelva por la misma línea.

HOMBRE —No veo bien la línea.

AGENTE —*(Pone una moneda en el suelo.)* Recoja esa moneda del suelo.

HOMBRE —No la puedo agarrar…

AGENTE —Cuente con los dedos, así: uno, dos, tres, cuatro… cuatro… tres, dos, uno…

HOMBRE —Uno, dos, tres, cuatro, tres… Voy a empezar de nuevo…

AGENTE —Recite el alfabeto, por favor.

HOMBRE —A, be, ce, de… efe, jota… ene…

AGENTE —Voy a leerle algo, señor Lara. Preste atención.

«Por ley estatal usted tiene que someterse a una prueba química para determinar el contenido alcohólico de su sangre. Usted puede elegir si la prueba va a ser de su sangre, orina o aliento. Si usted se niega a someterse a una prueba o si no completa una prueba, le vamos a suspender el derecho a manejar por seis meses. Usted no tiene derecho a hablar con un abogado ni a tener un abogado presente antes de decir si va a someterse a una prueba, antes de decidir cuál de las pruebas va a elegir, ni durante la prueba elegida por usted. Si usted no puede, o dice que no puede, completar la prueba elegida por usted, debe someterse a, y completar cualquiera de las otras pruebas o prueba.»

The Sobriety Test

Officer Lopez, of the Highway Patrol, stops a man for driving without lights at forty miles per hour in a residential area, where the speed limit is twenty-five miles per hour. The man seems (to be) drunk.

OFFICER LOPEZ:	Pull over to the curb and turn off the engine, please.
MAN:	What's wrong, officer?
OFFICER LOPEZ:	The speed limit in this area is twenty-five miles per hour, not forty.
MAN:	It's just that I'm in a hurry.
OFFICER LOPEZ:	Let me see your driver's license, please.
MAN:	It's at home. . . .
OFFICER LOPEZ:	Show me your car registration.
MAN:	I don't have it. The car is not mine, it's my uncle's. . . .
OFFICER LOPEZ:	Tell me your name, your address, and your age, please.
MAN:	Juan Lara . . . 520 Fifth Street . . . I'm thirty years old. . . .
OFFICER LOPEZ:	Step out of the car, please.
MAN:	I'm telling you I'm in a big hurry!
OFFICER LOPEZ:	Stretch your arms, like this. Close your eyes and touch the end of your nose.
MAN:	I can't . . . but I'm not drunk. . . .
OFFICER LOPEZ:	Walk on that line to the end and come back on the same line.
MAN:	I can't (don't) see the line very well.
OFFICER LOPEZ:	*(Puts a coin on the ground.)* Pick that coin up from the ground.
MAN:	I can't get hold of it. . . .
OFFICER LOPEZ:	Count on your fingers, like this: one, two, three, four . . . four, three, two, one. . . .
MAN:	One, two, three, four, three. . . . I'm going to start over. . . .
OFFICER LOPEZ:	Recite the alphabet, please.
MAN:	A, B, C, D . . . F, J . . . N . . .
OFFICER LOPEZ:	I'm going to read you something, Mr. Lara. Pay attention.

"You are required by state law to submit to a chemical test to determine the alcoholic content of your blood. You have a choice of whether the test is to be of your blood, urine, or breath. If you refuse to submit to a test or fail to complete a test, your driving privilege will be suspended for a period of six months. You do not have the right to talk to an attorney or to have an attorney present before stating whether you will submit to a test, before deciding which test to take, or during the administration of the test chosen. If you are incapable, or state you are incapable, of completing the test you choose, you must submit to and complete any of the remaining tests or test."

VOCABULARY

COGNATES

el **alcohol**	alcohol	la **línea**	line
alcohólico(a)	alcoholic	la **orina**	urine
el **alfabeto**	alphabet	**presente**	present
el **límite**	limit	**residencial**	residential

NOUNS

el, la **abogado(a)**   lawyer, attorney
el **aliento**   breath
el **contenido**   content
el **dedo**   finger
el **derecho**   privilege, right
el **distrito**   area
el **fin**   end
la **hora**   hour
la **ley**   law
el **mes**   month
la **milla**   mile
la **moneda**   coin
el **motor**   engine, motor
la **nariz**   nose
la **Policía de Patrulla (de Camino)**   Highway
   Patrol
la **prueba**   test
la **prueba del alcohol**   sobriety test
la **punta**   end, tip
el **registro**   registration
el **tío**   uncle
la **velocidad**   speed

VERBS

agarrar, coger   to get hold of, to grab
apagar   to turn off
arrimar   to pull over; to place nearby
bajarse   to get out (off)
completar   to complete
contar (o>ue)   to count
dejar   to allow, to let
detener (*conj. like* **tener**)   to stop

determinar   to determine
elegir (e>i)   to choose
extender (e>ie)   to stretch out, to spread
mostrar (o>ue), enseñar   to show
negarse (e>ie)   to refuse
parecer (yo parezco)   to seem
recitar   to recite
recoger   to pick up
someterse   to submit (oneself)
suspender   to suspend
tocar   to touch

ADJECTIVES

elegido(a)   chosen
estatal   state
mismo(a)   same
químico(a)   chemical

OTHER WORDS AND EXPRESSIONS

antes de   before
así   like this
cualquiera   any (one)
de nuevo   over, again
durante   during
estar apurado, tener prisa   to be in a hurry
hasta   to, until
límite de velocidad, velocidad máxima   speed
   limit
por   for, by
prestar atención   to pay attention
sin   without

DIALOGUE RECALL PRACTICE

**Study the dialogue you have just read; then complete the sentences below. If you cannot recall
certain words, reread the dialogues, focusing on the words you missed and learning them within the
context in which they appear.**

*El agente López, de la Policía de Patrulla, detiene a un hombre por manejar sin luz.   El hombre
parece estar borracho.*

AGENTE   —........................... el carro a la .... y .... el

.... , por favor.

HOMBRE   —¿Qué .... , agente?

AGENTE   —El .... de .... en este lugar es de veinte y cinco

.... por .... , no cuarenta.

HOMBRE   —........................... .... estoy muy ....

AGENTE   —........................... ver su licencia para .... , por favor.

85

HOMBRE   —Está en ....

AGENTE   —.......................... el .... del coche.

HOMBRE   —No lo tengo. El .... no es .... , es de mi

....

AGENTE   —.......................... su nombre, su .... y su

.... , por favor.

HOMBRE   —Juan Lara... .... Quinta, ... quinientos

veinte... .... treinta años...

AGENTE   —.......................... del carro, por favor.

HOMBRE   —¡.......................... .... que .... mucha

prisa!

AGENTE   —.......................... los brazos, ... Cierre

.... y tóquese la .... de

la ....

HOMBRE   —No puedo... pero no ....

AGENTE   —Camine por esa .... hasta el .... y vuelva por la

....

HOMBRE   —No veo bien la línea.

AGENTE   —(*Pone una moneda en el suelo.*) .... esa .... del

....

HOMBRE   —No la puedo ....

AGENTE   —.......................... con los .... , así, uno, dos, tres, cuatro...

.... , ... , ...

HOMBRE   —Uno, dos, tres, cuatro, tres... Voy a ....

....

AGENTE   —.......................... el .... , por favor.

HOMBRE   —A, be, ce, de... efe, jota... ene...

AGENTE   —Voy a .... algo, señor Lara. ....

....

LET'S PRACTICE!

A. **Replace the following possessive adjectives and nouns with the appropriate possessive pronouns.**

Modelo: mi libro → **el mío**

1. nuestra abogada: ....

2. mis dedos: ....

3. tus monedas: ....

4. su nariz: ....

5. nuestros tíos: ....

6. mi casa: ....

B. **Give the following commands, first to one person, then to more than one person. Read all commands aloud:**

1. Turn off the engine.
2. Let me see your license.
3. Show me the registration.
4. Get out of the car.
5. Stretch out your arms.
6. Close your eyes.
7. Touch your nose.
8. Walk.
9. Pick up the coin.
10. Count on your fingers.
11. Recite the alphabet.
12. Pay attention.

To one person:

1. ....
2. ....
3. ....
4. ....
5. ....
6. ....
7. ....
8. ....
9. ....
10. ....
11. ....
12. ....

To more than one person:

1. ....
2. ....
3. ....
4. ....
5. ....
6. ....
7. ....
8. ....
9. ....
10. ....
11. ....
12. ....

C. Answer each of the following questions first in the positive, then in the negative.

Modelo: —¿Se lo digo a ella?
  —*Sí, dígaselo.*
  —*No, no se lo diga.*

1. ¿Se las doy a usted?

   Sí, ...   No, ...

2. ¿Lo completo ahora?

   Sí, ...   No, ...

3. ¿Le suspendo el derecho a manejar?

   Sí, ...   No, ...

4. ¿Me someto a la prueba?

   Sí, ...   No, ...

5. ¿Me bajo del carro?

   Sí, ...   No, ...

6. ¿Los cierro?

   Sí, ...   No, ...

D. Form complete reflexive sentences using the following words in the order given.

1. el borracho / despertarse / calle

   ....

2. Yo / someterse / prueba de alcohol

   ....

3. ella / negarse / completar / la prueba

   ....

4. los criminales / tener que / desvestirse

   ....

5. el agente / sentarse / su carro

   ....

QUESTION-ANSWER EXERCISE

A. Answer the following questions in complete sentences.

1. ¿Por qué detiene al hombre el agente López?

   ....

2. ¿Cuál es el límite de velocidad en un distrito residencial?

....

3. ¿Parece estar borracho el hombre?

....

4. ¿Por qué dice el hombre que está manejando a cuarenta millas por hora?

....

5. ¿Qué le pide el agente López?

....

6. ¿Tiene el hombre el registro del carro?

....

7. ¿Cómo se llama el hombre, y cuánto años tiene?

....

8. ¿Puede tocarse el hombre la punta de la nariz?

....

9. ¿Por qué no recoge el hombre la moneda?

....

10. ¿Qué quiere hacer el hombre cuando no puede contar con los dedos?

....

11. ¿Puede el hombre recitar el alfabeto?

....

12. ¿Por qué debe prestar atención el hombre?

....

B. And now, answer these personal questions.

1. Si usted piensa que yo estoy borracha, y estoy manejando un carro, ¿debo someterme a una prueba química?

....

....

2. ¿Para qué es la prueba del alcohol?

....

3. Si usted tiene que elegir una de las pruebas, ¿cuál elige?

   ....

4. ¿Qué pasa si yo me niego a someterme a la prueba del alcohol?

   ....

5. Si yo me someto a la prueba del alcohol, ¿puede estar presente mi abogado?

   ....

6. ¿Qué pasa si yo no puedo completar la prueba?

   ....

7. ¿Puede usted decirme su nombre, su dirección y su edad?

   ....

   ....

8. ¿Puede usted cerrar los ojos y tocarse la punta de la nariz?

   ....

DIALOGUE COMPLETION

Use your imagination and the vocabulary learned in this lesson to complete the missing parts of this dialogue.

La prueba del alcohol.

HOMBRE —..

AGENTE —Lo detengo porque usted está manejando sin luz.

HOMBRE —..

AGENTE —No, no puede irse. ¿No sabe usted que el límite de velocidad en este distrito es de veinte y cinco millas por hora?

HOMBRE —..

AGENTE —Déme su licencia, por favor.

HOMBRE —..

AGENTE —Ud. debe tener su licencia con usted para manejar. Déjeme ver su registro.

HOMBRE —..

AGENTE —¿El carro no es suyo? ¿De quién es?

HOMBRE —..

AGENTE —Bájese del carro, por favor.

HOMBRE —..

AGENTE —Lo siento, pero voy a tener que darle la prueba del alcohol.

HOMBRE —..

AGENTE —Si no se somete a la prueba, le vamos a suspender el derecho a manejar por seis meses.

HOMBRE —..

SITUATIONAL EXERCISE

What would you say in the following situations?

1. You stop a woman for driving at 50 miles per hour in a 30-mile-per-hour zone. Order her to pull over to the curb, to stop the engine, and to show you her driver's license and car registration.
2. You are giving a sobriety test to two young men caught racing their cars down Main Street. Order them to stretch their arms and touch their noses, to walk a straight line, to pick up a coin from the ground, and to count on their fingers.
3. In your own words, try to explain the law of "implied consent" to a drunk-driving suspect.

YOU'RE ON YOUR OWN!

Act out the following situations with a partner:

1. A police officer explaining to a reckless driver why he is stopping her and then getting personal data from her.
2. A police officer giving an obviously intoxicated individual the field sobriety test.

VOCABULARY EXPANSION

el **aceite** oil
el **acelerador** accelerator
el **arranque** starter
el **asiento** seat
la **batería,** el **acumulador** battery
la **bomba de agua** water pump
la **bujía** spark plug
el **cambio de velocidades** gearshift
el **capó,** la **cubierta** hood
el **carburador** carburator
el **filtro** filter
el **foco,** la **luz** light
el **freno** brake
la **gasolina** gasoline
la **goma** tire

la **goma pinchada** flat tire
el **guardafangos** fender
el **indicador** turn signal
el **limpiaparabrisas** windshield wiper
el **maletero** trunk
el **parabrisas** windshield
el **portaguantes,** la **guantera** glove compartment
la **rueda** wheel
el **silenciador,** el **amortiguador** muffler
el **tanque** tank
la **tapicería** upholstery
la **ventanilla** window
el **volante** steering wheel

Match the items in column B with those in column A.

	A			B
1.	turn signal	____	a.	tapicería
2.	starter	____	b.	guardafangos
3.	water pump	____	c.	parabrisas
4.	carburator	____	d.	maletero
5.	oil	____	e.	rueda
6.	tire	____	f.	silenciador, amortiguador
7.	battery	____	g.	limpiaparabrisas
8.	windshield wiper	____	h.	portaguantes, guantera
9.	gas pedal	____	i.	tanque
10.	spark plug	____	j.	ventanilla
11.	steering wheel	____	k.	aceite
12.	upholstery	____	l.	bujía
13.	windshield	____	m.	cambio de velocidades
14.	window	____	n.	carburador
15.	glove compartment	____	o.	acelerador
16.	gearshift	____	p.	capó, cubierta
17.	wheel	____	q.	volante
18.	hood	____	r.	indicador
19.	tank	____	s.	asiento
20.	filter	____	t.	goma pinchada
21.	flat tire	____	u.	arranque
22.	muffler	____	v.	filtro
23.	trunk	____	w.	bomba de agua
24.	brake	____	x.	batería, acumulador
25.	fender	____	y.	freno
26.	seat	____	z.	goma

Lesson 10

Un robo

La señora Ramos llamó por teléfono a la policía para denunciar un robo. El agente Nieto fue a su casa para investigar lo que pasó.

En la casa de la sra. Ramos:

AGENTE NIETO —Buenos días, señora. ¿Ud llamó a la policía?

SRA. RAMOS —Sí, señor. Entraron ladrones en mi casa.

AGENTE NIETO —¿Cuándo fue eso, señora?

SRA. RAMOS —Por la mañana. Mis hijos y yo fuimos al centro y cuando volvimos, encontramos la puerta abierta.

AGENTE NIETO —¿Qué les robaron, señora?

SRA. RAMOS —Un televisor a colores y una máquina de escribir eléctrica.

AGENTE NIETO —¿Qué marca es el televisor? ¿Tiene el número de serie?

SRA. RAMOS —Es un R.C.A. portátil. No sé el número de serie.

AGENTE NIETO —¿Y la máquina de escribir?

SRA. RAMOS —Es una Smith-Corona. No tengo el número de serie de la máquina de escribir tampoco.

AGENTE NIETO —¿Sabe usted cómo entraron los ladrones?

SRA. RAMOS —Por la puerta. Forzaron la cerradura.

AGENTE NIETO —¿La puerta de entrada?

SRA. RAMOS —Sí, y también rompieron la ventana del dormitorio de mi hijo.

AGENTE NIETO —Voy a mirar la ventana. (*Más tarde.*) Encontré algunas huellas digitales en el vidrio.

SRA. RAMOS —Pero pueden ser de mi hijo... Cuando hace calor él abre la ventana...

AGENTE NIETO —Vamos a ver. Voy a hablar con sus vecinos para ver si ellos vieron algo.

SRA. RAMOS —¡Ojalá! Estoy muy preocupada con todo esto... ¡Ah! ¿Tiene usted mi número de teléfono?

AGENTE NIETO —Sí, señora. Me lo dieron en la comisaría. Regreso en seguida.

SRA. RAMOS —¿Puede mantenerme al tanto de lo que averigua, por favor?

AGENTE NIETO —Sí, señora.

* * *

A Burglary

Mrs. Ramos phoned the police to report a burglary. Officer Nieto went to her house to investigate what happened.

At Mrs. Ramos's house:

OFFICER NIETO: Good morning, ma'am. Did you call the police?

MRS. RAMOS: Yes, sir. Burglars broke into my house.

OFFICER NIETO:	When was that, ma'am?
MRS. RAMOS:	In the morning. My children and I went downtown and when we came back, we found the door open.
OFFICER NIETO:	What did they steal from you, ma'am?
MRS. RAMOS:	A color T.V. set and an electric typewriter.
OFFICER NIETO:	What brand is the T.V. set? Do you have the serial number?
MRS. RAMOS:	It's an R.C.A. portable. I don't know the serial number.
OFFICER NIETO:	And the typewriter?
MRS. RAMOS:	It's a Smith-Corona. I don't have the serial number for the typewriter, either.
OFFICER NIETO:	Do you know how the burglars got in?
MRS. RAMOS:	Through the door. They forced the lock.
OFFICER NIETO:	The front door?
MRS. RAMOS:	Yes, and they also broke the window in my son's bedroom.
OFFICER NIETO:	I'm going to look at the window. (*Later*) I found some fingerprints on the glass.
MRS. RAMOS:	But they can be my son's. . . . when it is hot, he opens the window.
OFFICER NIETO:	We'll see. I'm going to talk with your neighbors to see if they saw anything.
MRS. RAMOS:	I hope so! I'm very worried with all this. . . . Oh! Do you have my phone number?
OFFICER NIETO:	Yes, ma'am. They gave it to me at the police station. I'll be right back.
MRS. RAMOS:	Can you keep me informed about what you find out, please?
OFFICER NIETO:	Yes, ma'am.

VOCABULARY

NOUNS

el **centro**   downtown (area)
la **cerradura**   lock
el **dormitorio**   bedroom
la **entrada**   entrance
la **huella**   track, footprint
las **huellas digitales**   fingerprints
la **máquina**   machine
la **máquina de escribir**   typewriter
la **marca**   brand
el **número de serie**   serial number
la **puerta de entrada**   front door
el **televisor**   T.V. set
el **televisor a colores**   color T.V. set
la **ventana**   window
el **vidrio**   glass

VERBS

averiguar   to find out
entrar (en)   to enter, to get in, to break in
forzar   to force

mantener (*conj. like* **tener**)   to keep
mirar   to look at
pasar   to happen
romper   to break

ADJECTIVES

abierto(a)   open, unlocked
eléctrico(a)   electric
portátil   portable
preocupado(a)   worried

OTHER WORDS AND EXPRESSIONS

a colores   color (*adj.*)
al tanto, informado(a)   informed
en seguida   right away
lo que   what
¡ojalá!   I hope!
regreso en seguida   I'll be right back
todo esto   all this
vamos a ver   we'll see

DIALOGUE RECALL PRACTICE

Study the dialogue you have just read; then complete the sentences below. If you cannot recall certain words, reread the dialogues, focusing on the words you missed and learning them within the context in which they appear.

La señora Ramos llamó por teléfono a la policía para denunciar un robo. El agente Nieto fue a su casa para investigar lo que pasó.

En la casa de la sra. Ramos:

AGENTE NIETO   —Buenos días, señora. ¿Ud. .... a la

.... ?

94

SRA. RAMOS —Sí, señor. .... ladrones .... mi casa.

AGENTE NIETO —¿Cuándo .... , señora?

SRA. RAMOS —............................. la .... Mis hijos y yo

.... al .... y cuando

.... , encontramos la puerta ....

AGENTE NIETO —¿Qué les .... , señora?

SRA. RAMOS —Un .... y una

.... de .... eléctrica.

AGENTE NIETO —¿Qué .... es el .... ? ¿Tiene el número

de .... ?

SRA. RAMOS —............................. .... R.C.A. ....

No sé el número de ....

AGENTE NIETO —¿Y la .... de .... ?

SRA. RAMOS —Es una Smith-Corona. No tengo el número de .... de la

.... de ....

AGENTE NIETO —¿Sabe usted .... los ladrones?

SRA. RAMOS —............................. la .... Forzaron la

....

AGENTE NIETO —¿La puerta de .... ?

SRA. RAMOS —Sí, y también .... la .... del

.... de mi hijo.

AGENTE NIETO —Voy a .... la ventana. (*Más tarde*) Encontré algunas

.... en el ....

SRA. RAMOS —Pero .... de mi hijo... Cuando

.... , él abre la

....

AGENTE NIETO —Vamos .... Voy a hablar con

.... para ver si ellos

.... algo.

95

SRA. RAMOS —¡.............................! Estoy .... con

.... ¡Ah! ¿Tiene usted mi

.... ?

AGENTE NIETO —Sí, señora. Me lo .... en la ....

Regreso ....

SRA. RAMOS —¿Puede .... de

lo que .... , por favor?

AGENTE NIETO —Sí, ...

LET'S PRACTICE!

A. Complete the following verb chart.

INFINITIVO	YO	TÚ	UD., ÉL, ELLA	NOSOTROS	UDS., ELLOS, ELLAS
ir					
	miré				
		diste			
			rompió		
				fuimos	
					recibieron

B. You are needed as an interpreter. Translate the following sentences into Spanish.

1. Didn't she call the officer? ....

   Yes, she called him in the morning. ....

2. We went downtown. ....

   Did you buy a color T.V. set? ....

   No, we bought an electric typewriter ....

   for Carmen. ....

3. What happened? ....

   They forced the lock. ....

4. How's the weather in Chicago? ....

It is very cold, and they say it's going ....

to rain tomorrow. ....

Why don't you come to California? ....

5. What did they steal from you? ....

My portable T.V. set. ....

QUESTION-ANSWER EXERCISES

A. **Answer the following questions in complete sentences.**

1. ¿Para qué llamó la sra. Ramos a la policía?

....

2. ¿Para qué fue el agente Nieto a su casa?

....

3. ¿Adónde fueron la señora Ramos y sus hijos?

....

4. ¿Cómo encontraron la puerta de entrada cuando volvieron?

....

5. ¿Qué les robaron?

....

6. ¿Qué marca es el televisor?

....

7. ¿Sabe la señora Ramos el número de serie del televisor?

....

8. ¿Qué marca es la máquina de escribir?

....

9. ¿Cómo entraron los ladrones en la casa de la señora Ramos?

....

10. ¿Qué rompieron los ladrones?

....

11. ¿Qué va a mirar el agente Nieto?

   ....

12. ¿Qué encontró el agente Nieto en el vidrio de la ventana?

   ....

13. ¿Con quién va a hablar el agente Nieto?   ¿Para qué?

   ....

14. ¿Tiene el agente Nieto el número de teléfono de la señora Ramos?

   ....

15. ¿Dónde se lo dieron?

   ....

B.   And now, answer these personal questions.

   1. ¿Fue usted al centro esta mañana?

   ....

   2. ¿Tiene usted una máquina de escribir eléctrica?

   ....

   3. ¿Es su televisor a colores o blanco y negro?

   ....

   4. Cuando usted volvió a su casa ayer, ¿encontró la puerta abierta?

   ....

   5. ¿Mantienen ustedes al tanto al profesor (a la profesora) de todo lo que pasa en la comisaría?

   ....

   ....

DIALOGUE COMPLETION

Use your imagination and the vocabulary learned in this lesson to complete the missing parts of this dialogue.

Investigando un robo.

AGENTE   —..

MUJER   —Me robaron un televisor a colores.

AGENTE   —..

MUJER   —Es un R.C.A. portátil, de diez y nueve pulgadas.

AGENTE   —...

MUJER   —También me robaron una máquina de escribir eléctrica.

AGENTE   —...

MUJER   —Entraron por la ventana. Yo lo sé porque rompieron el vidrio.

AGENTE   —...

MUJER   —¡Bah! Mis vecinos nunca ven nada. Siempre están mirando televisión…

AGENTE   —...

SITUATIONAL EXERCISES

What would you say in the following situations?

1. You are investigating a burglary. Ask the victim if he called the police, when the burglary took place, what the burglars took, and whether he knows how they got in.
2. Your house has been burglarized. Tell the police officer that you don't know the serial number of the electric typewriter that the burglars stole from you. Tell her the burglars forced the lock on the front door. Ask the officer if she found any fingerprints on the door. Tell her you are worried about all this.
3. You are talking to a burglary victim. Tell her you are going to keep her informed about everything. Tell her also that you are going to talk with her neighbors, to try to find out if anybody saw anything. Finally, tell her you'll be right back.

YOU'RE ON YOUR OWN!

Act out the following situation with a partner:

A police officer investigating a burglary, talking to the victim.

VOCABULARY EXPANSION

la **alfombra** carpet, rug
la **almohada** pillow
el **armario** cupboard
la **bañadera** bathtub
el **botiquín** medicine chest
la **cama** bed
la **cocina**, la **estufa** stove
el **colchón** mattress
la **cómoda**, el **guardarropa** chest of drawers
la **cortina** drapery, curtain
el **cuadro** picture
la **ducha**, la **regadera** shower
el **escritorio** desk

el **estante** shelf
el **fregadero** kitchen sink
el **horno** oven
el **inodoro**, el **retrete** toilet
el **libreto** bookcase
la **licuadora** blender
la **mesita de noche** night table
la **palangana** basin
el **refrigerador** refrigerator
el **reloj de pared** (wall) clock
el **sofá** sofa
el **taburete** stool
la **tostadora** toaster

Match the items in column B with those in column A.

A		B
1. bathtub	____	a. cuadro
2. blender	____	b. refrigerador
3. cupboard	____	c. mesita de noche
4. picture	____	d. fregadero
5. shower	____	e. armario para libros
6. kitchen sink	____	f. almohada
7. toaster	____	g. cocina, estufa
8. pillow	____	h. botiquín
9. toilet	____	i. cama
10. basin	____	j. colchón
11. drapery, curtain	____	k. escritorio
12. sofa	____	l. armario
13. stool	____	m. taburete
14. desk	____	n. inodoro, retrete
15. medicine chest	____	o. estante
16. stove	____	p. ducha, regadera
17. refrigerator	____	q. palangana
18. shelf	____	r. alfombra
19. night table	____	s. cómoda, guardarropa
20. bed	____	t. licuadora
21. mattress	____	u. tostadora
22. bookcase	____	v. cortina
23. carpet, rug	____	w. bañadera
24. chest of drawers	____	x. horno
25. (wall) clock	____	y. reloj de pared
26. oven	____	z. sofá

LESSONS 6–10

VOCABULARY REVIEW

A. Circle the word that does not belong in each group:

1. puerta, cerradura, cigarrillo
2. investigar, comer, preguntar
3. estatal, amarillo, azul
4. camisa, barba, bigote
5. camión, carro, pantalón
6. rifle, familia, arma
7. televisor, entrada, puerta
8. linterna, luz, ropa
9. guantera, escuela, universidad
10. mal carácter, enojado, portátil
11. impermeable, abrigo, bolsa
12. saco, corbata, chaqueta
13. floreado, sin mangas, a lunares
14. falda, zapato, sandalia
15. sombrero, capucha, suéter
16. blusa, botas, camisa
17. a cuadros, a rayas, de mangas cortas
18. botón, shorts, camiseta
19. cuello, zapato de tenis, bolsillo
20. pantalón, vestido, traje
21. ametralladora, bomba de tiempo, trompada
22. navaja, cañón, escopeta
23. granada de mano, patada, explosivo
24. revólver, espada, puñal
25. trompada, puñetazo, pistola
26. asiento, gasolina, aceite
27. acelerador, arranque, parabrisas
28. maletero, freno, portaguantes
29. rueda, goma, bujía
30. acumulador, tapicería, carburador
31. colchón, almohada, inodoro
32. cama, horno, almohada
33. cocina, tostadora, bañadera
34. cambio de velocidades, indicador, librero
35. amortiguador, fregadero, palangana

36. guardafangos, armario, refrigerador

37. volante, tanque, licuadora

38. limpiaparabrisas, escritorio, estante

39. cuadro, goma pinchada, alfombra

40. filtro, foco, dedo

B. **Circle the appropriate word or phrase in order to complete each sentence. Then read aloud.**

1. No, gracias. No quiero un cigarrillo. Yo no (fumo, escribo, como, recojo).

2. ¿Sabe quién es el ladrón? (¿Pasa, Golpea, Recita, Sospecha) de alguien?

3. Tengo una máquina de escribir (a colores, eléctrica, abierta, de mangas largas).

4. El borracho es peligroso porque tiene (una moneda, un cuchillo, un tío, un cuello de piel).

5. (Extienda, Complete, Arrime, Escriba) el carro a la banqueta.

6. Apague (los guantes, el motor, la ley, el mes), por favor, y abra la ventanilla.

7. Tóquese la (prueba, milla, florería, punta) de la nariz.

8. (Recite, Extienda, Toque, Suspenda) el alfabeto y levante el capó.

9. No voy a (sentarme, bajarme, levantarme, someterme) a la prueba del alcohol.

10. Regresamos (en seguida, durante, cualquiera, frenta a), señora.

11. El ladrón lleva puesto un (cigarrillo, abrigo de piel, libro, silenciador).

12. Otra vez suena (el teléfono, el cinto, el suelo, la peca).

13. ¿Me preguntas si sé la marca y el número de serie del (televisor, mercado, animal, parque)? ¡Claro que sí!

14. ¿Qué calle (reconoce, cuenta, cruza, compra) su calle?

15. Ellos regresaron a la noche (siguiente, oscura, estampada, alta).

16. Ella rompió el (vidrio, motor, banco, cigarrillo) de la otra ventana.

17. ¿Tiene algunas (marcas, clases, puertas, ferreterías) visibles? ¿Un tatuaje, por ejemplo?

18. El agente le pide (identificación, el corazón, la farmacia, el motor) al hombre que está parado en la zona de estacionamiento.

19. ¿Qué tiene, señora? ¿Está (enferma, rubia, química, zurda)?

20. Los paramédicos le dieron (medicina, dinero, la joyería, libros) al señor, ¿verdad?

21. Creo que va a tener un ataque al (dueño, café, cliente, corazón).

22. ¿Puede (llamarme, apagarme, verme, darme) a este número?

23. Es una mujer de ojos (azules, gordos, encerrados, amarillos).

24. ¡Cómo no! Yo puedo (llevarlo, fumarlo, completarlo, escribirlo) a su casa después de la clase.

25. Cuando ve al hombre, el agente corre (hacia, así, desde, por) él.

26. Hay programas especiales que pueden (ayudar, comprar, golpear, arrimar) a su padrastro.

27. Es la mamá de mi marido; es mi (carnicería, comida, pelea, suegra).

28. El agente investiga una pelea (familiar, elegida, rosada, verde).

29. Está llena de moretones porque el marido le (ayuda, pregunta, pide, pega).

30. ¿Quiere venir a la comisaría mañana? Necesito (hablarle, pegarle, golpearlo, apagarlo).

31. Dice que no quiere ver a nadie, y (menos, cualquiera, durante, de nuevo) a su padrastro. Vamos a ver…

32. La velocidad máxima en un distrito residencial es de (3, 25, 80, 120) millas por hora.

33. Compré las sandalias en (la heladería, la juguetería, la zapatería, la estación de servicios).

34. Necesito ir (a la lavandería, a la tienda, al taller de mecánica, a la panadería) para comprar una blusa.

35. Vamos a comer en (el supermercado, la tintorería, el restaurante, la librería).

C. Complete the following sentences by matching the items in column A with those in column B. Then read each sentence aloud.

A	*B*
1. ¿Puedo elegir ____	a. prueba elegida?
2. ¿Es una prueba ____	b. sin luz?
3. ¿Ella parece estar ____	c. abogado antes de salir?
4. ¿Completó él la ____	d. fumar?
5. ¿Puedo hablar con mi ____	e. Policía de Patrulla?
6. ¿Debo caminar hasta ____	f. borracha?
7. ¿Está manejando ____	g. del coche, por favor?
8. ¿Quiere bajarse ____	h. que vimos ayer?
9. ¿Van a dejarte ____	i. la prueba?
10. ¿Por qué me ____	j. pasó al niño?
11. ¿Llamaste a la ____	k. la cerradura?
12. ¿Es la misma mujer ____	l. el fin de la línea?
13. ¿Forzaron ____	m. al tanto de lo que pasa?
14. ¿Qué le ____	n. detiene?
15. ¿Va a mantenerme ____	o. química?
16. ¿La camisa está en ____	p. un taburete?
17. ¿La medicina está en ____	q. pared?
18. ¿Tienes un sofá o ____	r. la mesita de noche o en el botiquín?
19. ¿Compraste cortinas ____	s. para la ducha?
20. ¿Tienes un reloj de ____	t. la cómoda?

D. Write these words in Spanish. What expression is formed vertically?

1. present

2. to pick up

3. law

4. unlocked

5. dangerous

6. coin

7. tip, end

8. to recite

9. green

10. privilege

11. T.V. set

12. pants

13. dark

14. burglar

15. mile

16. to touch

17. nose

18. brand

E. Crucigrama.

HORIZONTAL

3. *front door:* puerta de ____
4. dice cómo es
6. conducir
7. más bien
10. Escribe con la mano izquierda. Es ____ .
12. En el brazo tiene un ____ que dice «mamá».
15. No entró por la puerta. Entró por la ____ .
16. No es bajo. Es de ____ mediana.
17. opuesto de «afuera»
20. aparcado, parqueado
21. Encontré huellas ____ en el vidrio.

23. Me arrestaron. Necesito un ____ .
27. opuesto de «viejo»
29. La ____ máxima es 55 millas por hora.
30. *I looked,* en español
31. puerco, cerdo
34. La prueba determina el ____ alcohólico de su sangre.
36. *downtown (area),* en español
37. enseña
39. *I hope so!,* en español
40. recámara
41. muy, muy preocupado
42. *he broke,* en español

VERTICAL

1. decir que no
2. va con
4. opuesto de «gordo»
5. lugar donde venden licor
8. *bar,* en español
9. Mide unos seis pies y dos ____ .
11. A.B.C.
13. *pink,* en español
14. «prestar atención»: hacer ____
18. café (color)
19. esposo
20. *stranger,* en español

22. Si usted es el dueño del coche, debe tener el ____ del coche.
24. La prueba del alcohol puede ser de la sangre, la orina o el ____ .
25. Coge, toma
26. Tomó mucho alcohol. Está ____ .
28. *burn,* en español
32. *we find out,* en español
33. Cuente con los ____ , así, uno, dos, tres, cuatro…
35. al tanto
38. Tengo prisa; estoy ____ .

Lesson 11

¡Más robos!

El señor Gómez vino a la comisaría a denunciar el robo de su carro.   Ahora está hablando con el sargento Alcalá de la Sección de Robos.

SARGENTO ALCALÁ	—¿Ya está totalmente pagado el carro, señor Gómez?
SR. GÓMEZ	—No, todavía debo muchos plazos.
SARGENTO ALCALÁ	—¿Está atrasado en los pagos?
SR. GÓMEZ	—La verdad es que no estoy al día. Debo como dos meses.
SARGENTO ALCALÁ	—¿Está asegurado el carro?
SR. GÓMEZ	—Sí, tengo seguro.
SARGENTO ALCALÁ	—¿Cuándo fue la última vez que vio el carro estacionado?
SR. GÓMEZ	—Anoche. No lo puse en el garaje. Tuve que dejarlo afuera.
SARGENTO ALCALÁ	—¿Tiene usted las llaves del carro o las dejó adentro?
SR. GÓMEZ	—Las tengo yo. Pero dejé el carro abierto.
SARGENTO ALCALÁ	—¿Sospecha de alguien?
SR. GÓMEZ	—No,... como le dije por teléfono... no tengo ninguna idea...
SARGENTO ALCALÁ	—¿Cuál es el número de la chapa del carro?
SR. GÓMEZ	—PED 530.
SARGENTO ALCALÁ	—¿De qué año es?
SR. GÓMEZ	—Es un '83.
SARGENTO ALCALÁ	—¿Qué marca y qué modelo?
SR. GÓMEZ	—Rambler Classic. Azul, con el techo blanco.

La señora Vega también vino a la comisaría a denunciar un robo.   Ahora está hablando con el sargento Rivas.

SRA. VEGA	—¡No puedo creerlo! Hace veinte años que vivo en esa casa y nunca me robaron nada...
SARGENTO RIVAS	—¿Revisó bien la casa para ver si falta algo más?
SRA. VEGA	—Sí. Hice una lista de lo que falta: cubiertos de plata, alhajas, un tocadiscos, una grabadora, una cámara fotográfica y una máquina de coser.
SARGENTO RIVAS	—¿Se llevaron algún arma?
SRA. VEGA	—¡Ah, sí,...! Una pistola de mi esposo. Él tiene una colección.
SARGENTO RIVAS	—¿Registró su esposo la pistola en el Departamento de Policía?
SRA. VEGA	—Creo que sí.
SARGENTO RIVAS	—Anóteme la marca, descripción y valor aproximado de todos los objetos robados, por favor.
SRA. VEGA	—Muy bien.
SARGENTO RIVAS	—¿De quién son los objetos robados, señora?
SRA. VEGA	—Son míos y de mi esposo.
SARGENTO RIVAS	—Vamos a hacer todo lo posible por recobrarlos.

* * *

More Thefts!

Mr. Gómez came to the police station to report the theft of his car.   At the moment he is talking with Sergeant Alcalá of the Robbery Division.

SERGEANT ALCALÁ:	Is your car completely paid for now, Mr. Gómez?
MR. GÓMEZ:	No, I still owe many payments.
SERGEANT ALCALÁ:	Are you behind in your payments?
MR. GÓMEZ:	The truth is that I'm not up to date. I owe about two months.
SERGEANT ALCALÁ:	Is the car insured?
MR. GÓMEZ:	Yes, I have insurance.
SERGEANT ALCALÁ:	When was the last time you saw the car parked?
MR. GÓMEZ:	Last night. I didn't put it in the garage. I had to leave it outside.
SERGEANT ALCALÁ:	Do you have the keys to the car, or did you leave them inside?
MR. GÓMEZ:	I have them. But I left the car unlocked (open).
SERGEANT ALCALÁ:	Do you suspect anyone?
MR. GÓMEZ:	No, . . . as I told you on the phone . . . I don't have any idea. . . .
SERGEANT ALCALÁ:	What is the car's license plate number?
MR. GÓMEZ:	PED 530.
SERGEANT ALCALÁ:	What year is it?
MR. GÓMEZ:	It's an '83.
SERGEANT ALCALÁ:	What make and model?
MR. GÓMEZ:	Rambler Classic. Blue with a white roof.

Mrs. Vega also came to the police station to report a theft.   At the moment she is talking with Sergeant Rivas.

MRS. VEGA:	I can't believe it! I've lived in that house for twenty years, and they never stole anything from me. . . .
SERGEANT RIVAS:	Did you search the house carefully to see if anything else is missing?
MRS. VEGA:	Yes. I made a list of what is missing: silverware, jewels, a record player, a tape recorder, a camera, and a sewing machine.
SERGEANT RIVAS:	Were any weapons taken?
MRS. VEGA:	Oh, yes, . . . ! One of my husband's pistols. He has a collection.
SERGEANT RIVAS:	Did your husband register the pistol with the Police Department?
MRS. VEGA:	I think so.
SERGEANT RIVAS:	Write down the brand, the description, and the approximate value of all the stolen items, please.
MRS. VEGA:	Okay.
SERGEANT RIVAS:	To whom do the stolen items belong, Madam?
MRS. VEGA:	They are mine and my husband's.
SERGEANT RIVAS:	We are going to do everything possible to recover them.

VOCABULARY

COGNATES

aproximado(a)	approximate	la **lista**	list
la **colección**	collection	el **modelo**	model
la **descripción**	description	el **sargento**	sergeant
la **idea**	idea	**totalmente**	totally

NOUNS

la **alhaja,** la **joya**   jewel, piece of jewelry
el **arma** (*f.*)   weapon
la **cámara fotográfica**   camera
los **cubiertos**   silverware
la **chapa**   license plate
la **grabadora**   tape recorder
la **máquina de coser**   sewing machine
el **objeto**   item, object
el **pago**   payment
la **plata**   silver
el **plazo**   payment, installment
el **seguro,** la **aseguranza** (*Mex.*)   insurance
el **techo**   roof
el **tocadiscos**   record player
el **valor**   value
la **vez**   time (*in a series*)

VERBS

anotar   to write down
deber   to owe
dejar   to leave

llevarse   to take away, to steal
recobrar   to recover
registrar   to register
revisar   to search, to check
sospechar   to suspect

ADJECTIVES

asegurado(a)   insured
atrasado(a)   behind
pagado(a)   paid for
robado(a)   stolen
último(a)   last

OTHER WORDS AND EXPRESSIONS

al día   up to date
anoche   last night
como   as, like
creo que sí   I think so
¿Falta algo más?   Is anything else missing?
todo lo posible   everything possible

DIALOGUE RECALL PRACTICE

Study the dialogues you have just read; then complete the sentences below. If you cannot recall certain words, reread the dialogues, focusing on the words you missed and learning them within the context of the sentence in which they appear.

El señor Gómez está hablando con el sargento Alcalá de la Sección de Robos.

SARGENTO ALCALÁ   —¿Ya está .... el carro, Sr.

Gómez?

SR. GÓMEZ   —No, ... muchos

....

SARGENTO ALCALÁ   —¿Está .... en los .... ?

SR. GÓMEZ   —La verdad es que no ....

.... como dos

....

SARGENTO ALCALÁ   —¿Está .... el carro?

SR. GÓMEZ   —Sí, tengo ....

SARGENTO ALCALÁ   —¿Cuándo fue la .... que vio el

carro .... ?

SR. GÓMEZ	—Anoche. No lo .... en el garaje. Tuve que
	....
SARGENTO ALCALÁ	—¿Tiene usted las .... del carro o las
	.... ?
SR. GÓMEZ	—Las tengo yo. Pero .... el ....
	....
SARGENTO ALCALÁ	—¿........................ de alguien?
SR. GÓMEZ	—No... .... le dije ....
	.... no tengo ....
	....
SARGENTO ALCALÁ	—¿........................ .... el número de la
	.... del carro?
SR. GÓMEZ	—PED 530.
SARGENTO ALCALÁ	—¿De qué .... ?
SR. GÓMEZ	—........................ .... '83.
SARGENTO ALCALÁ	—¿Qué .... y qué .... ?
SR. GÓMEZ	—Rambler Classic. .... , con el .... blanco.

La señora Vega denuncia un robo.

SRA. VEGA	—¡No .... ! Hace veinte
	.... que .... en esa casa y nunca me
	.... nada...
SARGENTO RIVAS	—¿........................ bien la casa para .... si
	.... algo más?
SRA. VEGA	—Sí. Hice una .... de lo que .... :
	cubiertos de .... , alhajas, un .... , una
	.... , una .... y
	una máquina de ....

SARGENTO RIVAS —¿.. .... algún

.... ?

SRA. VEGA —¡Ah, sí,... ! Una pistola de ....

Él tiene una ....

SARGENTO RIVAS —¿............................ su esposo la pistola con el .... de

Policía?

SRA. VEGA —............................ .... sí.

SARGENTO RIVAS —............................ la marca, ... y

.... de todos los

.... robados, por favor.

SRA. VEGA —Muy ....

SARGENTO RIVAS —¿............................ .... son los ....

robados, señora?

SRA. VEGA —Son .... y de mi ....

SARGENTO RIVAS —Vamos a hacer .... por

....

LET'S PRACTICE!

A. **Create sentences with the elements provided, using either the *hace + time + que + verb* or the *llevar + time + gerund* construction as appropriate.**

1. tres años / tener (yo) / carro

....

2. sargento Alcalá / dos horas / hablar / señora Gómez

....

3. ¿ ? / Cuántos años / vivir (usted) / en esa casa

....

4. yo / veinte minutos / revisar / la casa

....

5. veinte años / tener (mi esposo) / esa colección de pistolas

   ....

6. La señora Vega / media hora / anotar / la marca / objetos robados

   ....

7. ¿ ? / Cuánto tiempo / estacionar (Uds.) / su coche / en la calle

   ....

8. dos meses / no estar (yo) / al día

   ....

B.   Complete the following verb chart.

INFINITIVO	YO	TÚ	UD., ÉL, ELLA	NOSOTROS	UDS., ELLOS, ELLAS
tener					
	estuve				
		pudiste			
			puso		
				hicimos	
					vinieron
querer					
	dije				
		trajiste			
			condujo		

C.   Change the verbs in the following sentences into the imperfect tense.

1. Yo voy con ellos.

   ....

2. Nosotros revisamos el carro.

   ....

3. Carlos debe cien dólares.

   ....

4. Es la última vez.

   ....

112

5. Tienen muchas alhajas.

   ....

6. Yo no sé el valor de los objetos robados.

   ....

7. Tú sospechas de ellos.

   ....

8. ¿Los ven ustedes a menudo?

   ....

9. Son las cuatro y media.

   ....

10. Nosotros lo vamos a dejar abierto.

   ....

QUESTION-ANSWER EXERCISE

A.   Answer the following questions in complete sentences.

1. ¿Para qué vinieron el señor Gómez y la señora Vega a la comisaría?

   ....

2. ¿Está totalmente pagado el carro del señor Gómez?

   ....

3. ¿Cuántos meses debe el señor Gómez?

   ....

4. ¿Puso el señor Gómez su coche en el garaje?

   ....

5. ¿Sospecha de alguien el señor Gómez?

   ....

6. ¿Puede usted describir el carro del señor Gómez?

   ....

7. ¿Cuántos años hace que la señora Vega vive en su casa?

   ....

8. Qué hizo la señora Vega?

   ....

9. ¿Qué le robaron a la señora Vega?

   ....

   ....

10. ¿Qué más se llevaron los ladrones?

    ....

11. ¿De quién son los objetos robados?

    ....

12. ¿Qué le dice el sargento Rivas a la señora Vega?

    ....

B.   And now, answer these personal questions.

1. ¿Está usted atrasado en los pagos de su carro?

   ....

2. ¿Está asegurado su carro?

   ....

3. ¿Cuándo fue la última vez que usted vio su carro estacionado?

   ....

4. ¿Tuvo usted que dejar su carro afuera anoche?

   ....

5. ¿Cuál es el número de la chapa de su carro?

   ....

6. ¿Cuánto tiempo hace que usted es agente de policía?

   ....

7. ¿Registró usted su pistola en el Departamento de Policía?

   ....

8. ¿Hacen ustedes lo posible por recobrar objetos robados?

   ....

DIALOGUE COMPLETION

Use your imagination and the vocabulary you have learned in this lesson to complete the missing parts of the following dialogues.

El sargento Miño habla con la señora Paz.

SARGENTO MIÑO — ....

SRA. PAZ —No, no estoy al día.   Debo como cuatro meses.

SARGENTO MIÑO — ....

SRA. PAZ —No, no tengo seguro.

SARGENTO MIÑO — ....

SRA. PAZ —No, no lo puse en el garaje.   Lo dejé en la calle.

SARGENTO MIÑO — ....

SRA. PAZ —No, no las tengo.   Las dejé en el coche.

SARGENTO MIÑO — ....

SRA. PAZ —Sí, yo sospecho de mi vecino…

SARGENTO MIÑO — ....

SRA. PAZ —Es un Mazda 1982, de cuatro puertas.

SARGENTO MIÑO — ....

El señor Ortega denuncia un robo.

AGENTE BARRIOS —¿Hizo usted una lista de lo que falta?

SR. ORTEGA — ....

AGENTE BARRIOS —¿Puede darme la marca, descripción y valor aproximado de los objetos robados?

SR. ORTEGA — ....

....

....

AGENTE BARRIOS —¿De quién son los objetos robados, señor?

....

SITUATIONAL EXERCISE

What would you say in the following situations?

1. Your car has been stolen. Report the theft to the police, telling them where you last saw it and why you left it where you did. Tell them that you have no idea who took it. Give them the appropriate data to identify it.
2. You are investigating a burglary. Ask the victim if he checked the house carefully to see if there is anything else missing. Ask him if the burglars took any weapons. Finally, tell him to write down the description and the approximate value of the record player, the tape recorder, the camera, and the sewing machine. Assure him you'll do your best to recover the stolen items.

YOU'RE ON YOUR OWN!

Act out the following situations with a partner:

1. A sergeant talking with a person who is reporting the theft of his or her car.
2. An officer talking to a person whose house has been burglarized.

VOCABULARY EXPANSION

al amanecer   at dawn
al anochecer, entre dos luces   at dusk
anteanoche   the night before
anteayer   the day before yesterday
durante el día   during the day
el año pasado   last year
el año que viene, el año próximo   next year
el mes pasado   last month
el mes que viene, el mes próximo   next month

el penúltimo   next-to-the-last
la primera vez   the first time
la semana pasada   last week
la semana que viene, la semana próxima   next week
la única vez   the only time
pasado mañana   the day after tomorrow
tarde   late
temprano   early

Match the items in column B with those in column A.

A	B
1. next-to-the-last	____ a. el año pasado
2. at dawn	____ b. anteanoche
3. during the night	____ c. temprano
4. at dusk	____ d. al anochecer, entre dos luces
5. the day before yesterday	____ e. la primera vez
6. early	____ f. el mes pasado
7. the only time	____ g. anteayer
8. the night before last	____ h. pasado mañana
9. during the day	____ i. la única vez
10. late	____ j. la semana pasada
11. the day after tomorrow	____ k. la semana que viene, la semana próxima
12. next week	____ l. el mes que viene, el mes próximo
13. the first time	____ m. durante la noche
14. last month	____ n. el año que viene, el año próximo
15. next year	____ o. el penúltimo
16. next month	____ p. tarde
17. last year	____ q. durante el día
18. next week	____ r. al amanecer

116

Lesson 12

Una multa por exceso de velocidad

El agente Reyes, de la Policía de Patrulla, paró a una mujer que estaba manejando a cincuenta millas por hora en una zona residencial..

AGENTE REYES	—Ésta no es una autopista, señorita. Es una zona residencial.
MUJER	—Yo no iba tan rápido… Otros iban más rápido que yo…
AGENTE REYES	—Déjeme ver su licencia para conducir, por favor.
MUJER	—Aquí la tiene.
AGENTE REYES	—Ud. iba manejando a cincuenta millas por hora, y además se pasó la luz roja.
MUJER	—¿Qué luz roja? ¿Dónde?
AGENTE REYES	—En la esquina de Golden y Séptima. Y antes de eso se pasó una señal de parada.
MUJER	—Yo no sabía que había una señal de parada allí…
AGENTE REYES	—¿Usted no vio la señal de parada?
MUJER	—Cuando quise parar ya no pude. Había otro carro detrás de mí.
AGENTE REYES	—Sí, y usted casi atropelló a una señora que cruzó delante de usted.
MUJER	—Ella cruzó la calle de repente. Eso no fue culpa mía…
AGENTE REYES	—Lo siento, señorita, pero voy a tener que darle una multa por exceso de velocidad.
MUJER	—¿Tengo que pagarla ahora mismo?
AGENTE REYES	—No. Voy a darle un papel donde dice que usted debe comparecer ante la corte el dos de enero. Firme aquí, por favor. Maneje con cuidado.

A Speeding Ticket

Officer Reyes, of the Highway Patrol, stopped a woman who was driving at 50 miles per hour in a residential zone.

OFFICER REYES:	This is not a freeway, Miss. It is a residential zone.
WOMAN:	I wasn't going so fast. . . . Others were going faster than I. . . .
OFFICER REYES:	Let me see your driver's license, please.
WOMAN:	Here it is.
OFFICER REYES:	You were doing (driving at) 50 miles per hour, and you also ran a red light.
WOMAN:	What red light? Where?
OFFICER REYES:	At the corner of Golden and Seventh. And before that, you ran a stop sign.
WOMAN:	I didn't know that there was a stop sign there. . . .
OFFICER REYES:	You didn't see the stop sign?
WOMAN:	When I tried to stop, I wasn't able to. There was another car behind me.
OFFICER REYES:	That's right, and you almost ran over a lady who crossed (the street) in front of you.
WOMAN:	She jumped right in front of me (she crossed the street suddenly). That wasn't my fault. . . .

OFFICER REYES: I'm sorry, Miss, but I'm going to have to give you a ticket (fine) for speeding.

WOMAN: Do I have to pay (it) right now?

OFFICER REYES: No. I'm going to give you a paper that states you must appear before the court on January 2. Sign here, please. Drive carefully.

VOCABULARY

NOUNS

la **autopista**   freeway
la **corte**   court
la **culpa**   blame, fault
la **multa**   fine, ticket
el **papel**   paper
la **Policía de Patrulla**   Highway Patrol
la **señal de parada**   stop sign

VERBS

atropellar   to run over
comparecer (*conj. like* **parecer**)   to appear (in court)
cruzar   to cross, to go across
firmar   to sign

OTHER WORDS AND EXPRESSIONS

además   besides

ante   before
antes de eso   before that
aquí la tiene   here it is (*lit.*, here you have it)
casi   almost
con cuidado   carefully
de repente   suddenly
déjeme ver   let me see
delante de   in front of
detrás de   behind
exceso de velocidad   speeding
había   there was (*imperfect*)
no fue culpa mía   it wasn't my fault
pasarse la luz roja, llevarse la luz roja   to run a red light
pasarse la señal de parada   to run a stop sign
tan   so
ya no   no longer

DIALOGUE RECALL PRACTICE

Study the dialogue you have just read; then complete the sentences below. If you cannot recall certain words, reread the dialogue, focusing on the words you missed and learning them within the context of the sentence in which they appear.

El agente Reyes, de la Policía de Patrulla, paró a una mujer que estaba manejando a cincuenta millas por hora en una zona residencial.

AGENTE REYES   —Ésta no es ………………………… ………………………… , señorita.   Es una

………………………… ………………………… .

MUJER   —Yo no ………………………… ………………………… rápido… Otros iban

………………………… ………………………… ………………………… yo…

AGENTE REYES   —………………………… ………………………… su licencia para

………………………… , por favor.

MUJER   —Aquí ………………………… ………………………… .

AGENTE REYES   —Ud. iba ………………………… ………………………… cincuenta

………………………… por hora, y ………………………… se

………………………… la luz roja.

MUJER   —¿Qué ………………………… ………………………… ?   ¿Dónde?

AGENTE REYES —En la .... de Golden y Séptima. Y ....

.... se pasó una

.... de ....

MUJER —Yo no sabía que .... una .... de

.... allí...

AGENTE REYES —¿Usted no .... la .... de

.... ?

MUJER —Cuando .... parar, ...

.... pude. .... otro carro

.... de mí.

AGENTE REYES —Sí, y usted .... a una señora que

.... de usted.

MUJER —Ella .... la calle ....

.... Eso no fue ....

....

AGENTE REYES —Lo siento, señorita, pero ....

.... que darle una .... por

.... de ....

MUJER —¿Tengo que .... ahora mismo?

AGENTE REYES —No. Voy a darle un .... donde dice que usted

.... ante la corte el dos de enero.

.... , por favor. Maneje

....

LET'S PRACTICE!

A. Complete these sentences using the past progressive tense of the verbs in the following list:

cruzar   firmar   manejar   hacer   decir   dar

1. Ella .... a 50 millas por hora.

2. Los niños .... la calle solos.

3. El agente nos .... una multa por exceso de velocidad.

4. Nosotros te .... que debes comparecer ante la corte.

5. Yo .... la carta cuando ella llegó.

6. ¿Qué .... tú en la casa de Rita?

B. **You are needed as an interpreter.   Translate the following sentences into Spanish.**

1. What time was it when they arrived   ....

   at the airport?   ....

   It was ten o'clock.   ....

2. Did you say (that) you were sick   ....

   yesterday?   ....

   Yes, I tried to come, but I wasn't able to.   ....

3. Why didn't you stop?   ....

   We didn't know (that) there was a stop   ....

   sign at that corner.   ....

4. She used to live there.   ....

   Yes, but she no longer lives there.   ....

5. What did the man say?   ....

   He said he didn't know your wife.   ....

QUESTION-ANSWER EXERCISES

A.   Answer the following questions in complete sentences.

1. ¿Por qué paró el agente Reyes a la mujer?

   ....

2. ¿Qué quiere ver el agente Reyes?

   ....

3. ¿Qué hizo la mujer además de manejar a cincuenta millas por hora?

   ....

4. ¿Dónde estaba la luz roja?

   ....

5. ¿Qué hizo la mujer antes de pasarse la luz roja?

   ....

6. ¿Por qué no pudo parar la mujer cuando vio la señal de parada?

   ....

7. ¿Atropelló la mujer a la señora que cruzó delante de ella?

   ....

8. ¿Por qué dice la mujer que no fue culpa de ella?

   ....

9. ¿Por qué dice «lo siento» el agente Reyes?

   ....

10. ¿Tiene que pagar la multa ahora mismo?

    ....

11. ¿Cuándo tiene que comparecer la mujer ante la corte?

    ....

B. And now, answer these personal questions.

1. ¿Maneja usted a cincuenta millas por hora en una zona residencial?

   ....

2. ¿Cuál es la velocidad máxima en la autopista?

   ....

3. Si manejo en la autopista a noventa millas por hora, ¿me va a dar usted una multa por exceso de velocidad?

   ....

   ....

4. ¿Maneja usted con cuidado siempre?

   ....

DIALOGUE COMPLETION

Use your imagination and the vocabulary you have learned in this lesson to complete the missing parts of the following dialogue.

La agente Nieto, de la Policía de Patrulla, y el señor Soto.

AGENTE NIETO —Ud. iba manejando a ochenta millas por hora, señor Soto...

SR. SOTO —...

AGENTE NIETO —Déjeme ver su licencia para conducir, por favor.

SR. SOTO —...

AGENTE NIETO —También se pasó usted una luz roja en la calle Magnolia.

SR. SOTO —...

AGENTE NIETO —Además, casi atropelló a un niño que cruzó delante de usted...

SR. SOTO —...

AGENTE NIETO —Lo siento, pero voy a tener que darle una multa por exceso de velocidad, y por pasarse una luz roja.

SR. SOTO —...

SITUATIONAL EXERCISES

What would you say in the following situations?

1. You stop a young man for driving too fast in a residential area. Remind him of where he is, ask to see his driver's license, tell him you're going to have to give him a ticket for speeding, and remind him to drive carefully.
2. You have given a man a ticket for running a stop sign, and you explain that he almost ran over a little boy who was crossing the street. You also instruct him to appear in a court on a certain date.

YOU'RE ON YOUR OWN!

Act out the following situations with a partner:

1. An officer stopping a person for speeding near a schoolyard.
2. An officer stopping a person for driving while drunk and for running a red light. (*Hint:* you might want to review Chapter 9 before proceeding.)
3. An officer instructing a lawbreaker on where and when to appear in court to answer charges of speeding and running a stop sign.

VOCABULARY EXPANSION

Algunas señales que se ven desde el camino
(Some Signs Seen from the Road)

Narrow Bridge

Yield

Freeway Begins

Stop

One Way

R.R. Crossing (*ferrocarril*)

Dangerous Curve

Don't Litter

Detour

Danger

No Parking

Pedestrian Crossing

Two-Way Traffic

Slow Traffic Right Lane

Keep to the Right

Private Property
No Trespassing

Match the items in column B with those in column A.

A	B
1. Two-Way Traffic	____ a. Prohibido estacionar
2. Railroad Crossing	____ b. Curva peligrosa
3. Slow Traffic Right Lane	____ c. No tire basura
4. Narrow Bridge	____ d. Desvío
5. No Parking At Any Time	____ e. Alto
6. Pedestrians Crossing	____ f. Una vía
7. Yield	____ g. Ceda el paso
8. Highway Begins	____ h. Propiedad privada
9. Danger	____ i. Ferrocarril (F.C.)
10. Dangerous Curve	____ j. Puente angosto
11. Stop	____ k. Tránsito lento carril derecho
12. One Way	____ l. Doble circulación
13. Keep To The Right	____ m. Comienza la autopista
14. Private Property	____ n. Conserve su derecha
15. Do Not Litter	____ o. Paso de peatones
16. Detour	____ p. Peligro

Lesson 13

Un accidente

Hubo un accidente en la autopista. Un camión chocó con un carro y una motocicleta. El hombre que manejaba el carro y sus dos pasajeros murieron. El agente Peña, que acaba de llegar, está tratando de ayudar al muchacho que venía en la motocicleta.

AGENTE PEÑA   —No trate de levantarse. Quédese quieto.
MUCHACHO   —¿Qué pasó? Me siento mareado...
AGENTE PEÑA   —Hubo un accidente. ¿Dónde le duele?
MUCHACHO   —La pierna derecha y la mano izquierda...
AGENTE PEÑA   —A ver... voy a ponerle una venda para parar la sangre.
MUCHACHO   —¿Qué le pasó a la chica que venía conmigo?
AGENTE PEÑA   —Se lastimó la cara y los brazos, pero no es serio...
MUCHACHO   —¿... Y mi motocicleta?
AGENTE PEÑA   —Bueno,... probablemente le va a hacer falta otra motocicleta...

El agente va hacia el camión, y ve que hay un incendio en la cabina. Corre y apaga el incendio con un extinguidor de incendios. El hombre que manejaba el camión está a un lado del camino.

AGENTE PEÑA   —¿Cómo se siente?
HOMBRE   —Todavía estoy temblando. Y no sé cómo choqué con ese carro.
AGENTE PEÑA   —¿Qué recuerda del accidente?
HOMBRE   —Yo pasé por el túnel, y cuando llegué al puente vi que no había lugar para pasar al carro...
AGENTE PEÑA   —¿Y qué hizo el hombre que manejaba el carro?
HOMBRE   —Trató de desviar, pero chocó con la carrocería del camión, y después con la motocicleta...
AGENTE PEÑA   —Aquí viene la ambulancia. Van a llevarlo al hospital a usted también.
HOMBRE   —Pero yo no estoy lastimado.
AGENTE PEÑA   —Es una precaución. Probablemente le van a tomar radiografias y el médico lo va a revisar. Necesito su nombre y dirección.
HOMBRE   —Rafael Soto, Calle La Cerra, 517.
AGENTE PEÑA   —¿Cuál es su número de teléfono?
HOMBRE   —328-9961.

*   *   *

An Accident

There was an accident on the freeway. A truck collided with a car and a motorcycle. The man who was driving the car and his two passengers died. Officer Peña, who has just arrived, is trying to help the boy who was riding (came on) the motorcycle.

OFFICER PEÑA: Don't try to get up. Stay still.
BOY: What happened? I feel dizzy. . . .

OFFICER PEÑA:	There was an accident. Where do you hurt?
BOY:	My right leg and my left hand. . . .
OFFICER PEÑA:	Let's see . . . I'm going to apply a bandage to stop the blood.
BOY:	What happened to the girl that was riding (coming) with me?
OFFICER PEÑA:	Her face and her arms were hurt, but it isn't serious. . . .
BOY:	. . . And my motorcycle?
OFFICER PEÑA:	Well, . . . you're probably going to need another motorcycle. . . .

The officer goes toward the truck, and sees that there is a fire in the cab. He runs and puts out the fire with a fire extinguisher. The man who was driving the truck is (standing) beside (to one side of) the road.

OFFICER PEÑA:	How do you feel?
MAN:	I'm still shaking. I don't know how I collided with (hit) the car.
OFFICER PEÑA:	What do you remember about the accident?
MAN:	I went through the tunnel, and when I came to (arrived at) the bridge I saw that there wasn't any room to pass the car. . . .
OFFICER PEÑA:	And what did the man who was driving the car do?
MAN:	He tried to swerve, but he ran into the chassis of the truck, and then the motorcycle. . . .
OFFICER PEÑA:	Here comes the ambulance. They're going to take you to the hospital, too.
MAN:	But I'm not hurt.
OFFICER PEÑA:	It's just a precaution. They're probably going to take X-rays and the doctor is going to examine you. I need your name and address.
MAN:	Rafael Soto, 517 La Cerra Street.
OFFICER PEÑA:	What is your telephone number?
MAN:	328-9961.

VOCABULARY

COGNATES

la **motocicleta** motorcycle	la **precaución** precaution
el **pasajero** passenger	el **túnel** tunnel

NOUNS

la **autopista** freeway, throughway
la **cabina** cab (of a truck)
el **camino** road
la **cara** face
la **carrocería** chassis
la **chica**, la **chamaca** (*Mex.*) young girl
el **extinguidor de incendios** fire extinguisher
el **lado** side
el **lugar** room
el **puente** bridge
la **radiografía** X-ray
la **venda** bandage

VERBS

apagar to put out (a fire), to turn off

chocar to collide, to run into, to hit
desviar to swerve, to avert
lastimarse to get hurt
pasar, rebasar (*Mex.*) to pass (a car)
sentirse (e>ie) to feel
temblar (e>ie) to shake, to tremble, to shiver

ADJECTIVES

mareado(a) dizzy

OTHER WORDS AND EXPRESSIONS

a ver... let's see . . .
hubo there was
poner una venda to apply a bandage
quedarse quieto(a) to stay still

126

DIALOGUE RECALL PRACTICE

Study the dialogue you have just read; then complete the sentences below.   If you cannot recall certain words, reread the dialogue, focusing on the words you missed and learning them within the context of the sentence in which they appear.

Un accidente en la autopista.

AGENTE PEÑA —No .... de .... Quédese

....

MUCHACHO —¿Qué .... ? Me siento ....

AGENTE PEÑA —........................... un accidente. ¿Dónde ....

.... ?

MUCHACHO —La .... y la ....

....

AGENTE PEÑA —A ver... voy a .... una .... para parar la

....

MUCHACHO —¿Qué .... a la ....

que venía .... ?

AGENTE PEÑA —........................... .... la cara y los

.... , pero no es ....

MUCHACHO —¿... Y mi .... ?

AGENTE PEÑA —Bueno... probablemente le va a ....

otra ....

AGENTE PEÑA —¿Cómo .... ?

HOMBRE —Todavía .... Yo no sé cómo

.... con ese carro.

AGENTE PEÑA —¿Qué .... del .... ?

HOMBRE —Yo .... el túnel, y cuando llegué al

.... vi que no había .... para pasar al

carro...

AGENTE PEÑA	—¿Y qué .... el hombre que .... el carro?
HOMBRE	—Trató de .... , pero .... con la
	.... del camión, y después con la
	....
AGENTE PEÑA	—Aquí viene .... Van a
	.... al hospital a usted ....
HOMBRE	—Pero yo no ....
AGENTE PEÑA	—Es una .... Probablemente le van a ....
	.... y el médico lo va a revisar. Necesito su
	.... y su ....
HOMBRE	—Rafael Soto, ... La Cerra, 517.
AGENTE PEÑA	—¿............................. .... su número de
	.... ?
HOMBRE	—328-9961.

LET'S PRACTICE!

A. **Rewrite the following sentences using _gustar_, _hacer falta_, and _doler_ and making any other required change.**

1. Al muchacho le duele la pierna.

.... piernas.

.... muchachos ....

2. A los muchachos les gusta manejar rápido.

.... muchacha ....

.... las motocicletas.

A los agentes ....

.... la camión.

3. A ellos les hacen falta los camiones.

.... el dinero.

B. Complete the following chart for verbs with stem changes in the preterit.

INFINITIVO	YO	TÚ	UD., ÉL, ELLA	NOSOTROS	UDS., ELLOS, ELLAS
sentir					
	pedi				
		mentiste			
			sirvió		
				dormimos	
conseguir					
	morí				

C. You are needed as an interpreter. Translate the following sentences into Spanish.

1. Did you talk with the girl? ....

   Yes, I have just called her on the phone. ....

2. What is your address, Mr. Vega? ....

   2509 Bonita Street. ....

QUESTION-ANSWER EXERCISES

A. Answer the following questions in complete sentences.

1. Qué hubo en la autopista?

   ....

2. ¿Con qué chocó el camión?

   ....

3. ¿Quiénes murieron?

   ....

4. ¿Qué está haciendo el agente Peña?

   ....

5. ¿Cómo se siente el muchacho que venía en la motocicleta?

   ....

6. ¿Qué le duele al muchacho?

   ....

7. ¿Qué le va a poner al muchacho para parar la sangre?

   ....

8. ¿Qué le pasó a la chica que venía con el muchacho?

   ....

9. ¿Qué le va a hacer falta al muchacho?

   ....

10. ¿Qué ve el agente cuando va hacia el camión?

   ....

11. ¿Con qué apaga el incendio el agente?

   ....

12. ¿Dónde está el hombre que manejaba el camión?

   ....

13. ¿Cómo se siente el hombre que manejaba el camión?

   ....

14. ¿Qué pasó cuando el hombre llegó al puente?

   ....

15. ¿Qué hizo el hombre que manejaba el carro?

   ....

   ....

16. ¿Por qué no quiere ir el hombre al hospital?

   ....

17. ¿Qué le van a hacer al hombre en el hospital?

   ....

B. **And now, answer these personal questions.**

   1. ¿Cómo se siente usted?

   ....

2. ¿Qué hace usted cuando le duele la cabeza?

....

3. ¿Qué le hace falta a usted?

....

4. Si usted ve que va a chocar con un carro, ¿qué hace?

....

5. ¿Le tomaron a usted radiografías cuando fue al médico?

....

DIALOGUE COMPLETION

Use your imagination and the vocabulary you have learned in this lesson to complete the missing parts of this dialogue.

Hubo un accidente en la autopista.

AGENTE SMITH —Quédese quieto. No trate de levantarse.

HOMBRE —...

AGENTE SMITH —Lo atropelló un coche. ¿Dónde le duele?

HOMBRE —...

AGENTE SMITH —Le puse una venda para parar la sangre.

HOMBRE —...

AGENTE SMITH —¿No recuerda el accidente?

HOMBRE —...

AGENTE SMITH —Aquí viene la ambulancia para llevarlo al hospital.

HOMBRE —...

SITUATIONAL EXERCISES

What would you say in the following situations?

1. You are talking to an accident victim. Tell her to stay still and ask her where she hurts. Tell her that her son is hurt, but that this injury is not serious. Tell her the ambulance is coming and they are going to take her and her son to the hospital.
2. You are helping a boy who fell out of a tree and cut himself. Tell him you're going to apply a bandage to stop the bleeding (blood). Convince him that he should go to the hospital, telling him it is only a precaution. Tell him they will probably take some X-rays.

YOU'RE ON YOUR OWN!

Act out the following situations with a partner:

1. A police officer helping an accident victim who is badly hurt and very scared.
2. A police officer talking to a witness about an accident on the highway.

VOCABULARY EXPANSION

1. el pelo, el cabello
2. la frente
3. la ceja
4. el ojo
5. la nariz
6. el labio
7. los dientes
8. la barbilla
9. la lengua
10. la boca
11. la mejilla
12. la oreja
13. el oído
14. las pestañas
15. la cabeza
16. la cara
17. el pecho
18. el estómago
19. la cadera
20. la muñeca
21. la mano
22. la rodilla
23. la pierna
24. el tobillo
25. el dedo del pie
26. el pie
27. el cuello
28. el hombro
29. la espalda
30. el brazo
31. el dedo
32. el codo
33. la cintura

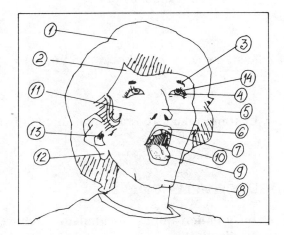

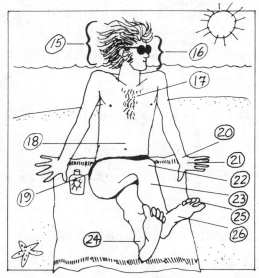

Name the part of the body that corresponds to each number.

1. ....
2. ....
3. ....
4. ....
5. ....
6. ....
7. ....
8. ....
9. ....
10. ....
11. ....
12. ....
13. ....
14. ....
15. ....
16. ....
17. ....
18. ....
19. ....
20. ....
21. ....
22. ....
23. ....
24. ....
25. ....
26. ....
27. ....
28. ....
29. ....
30. ....
31. ....
32. ....
33. ....

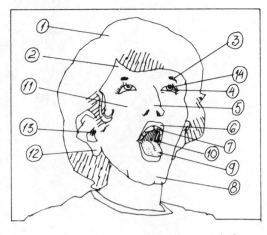

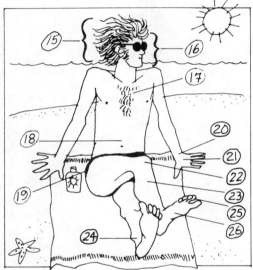

Lesson 14

Un interrogatorio

El sargento Favio está interrogando a José Rubio durante la investigación de un robo.

SARGENTO FAVIO —He hablado con testigos que dicen que lo vieron en el edificio la noche del robo.

RUBIO —¡No puede ser! Yo estaba en otra parte... Los testigos se han equivocado...

SARGENTO FAVIO —Encontramos evidencia física de que usted había estado allí... Sus huellas digitales, por ejemplo.

RUBIO —Bueno... yo estuve allí hace como dos semanas, pero no esa noche.

SARGENTO FAVIO —El televisor que usted trató de empeñar era robado. ¿De dónde lo sacó?

RUBIO —Se lo compré a un hombre que me ofreció una ganga.

SARGENTO FAVIO —¿Puede describirlo? ¿Sabe su nombre? ¿Cuándo y dónde lo compró?

RUBIO —No,... no lo conozco... pero se lo compré hace un mes... Me costó cincuenta dólares.

El sargento Favio le lee sus derechos.

SARGENTO FAVIO —¿Entiende los derechos que le he explicado?

RUBIO —Sí, pero no fui yo... A lo mejor fue alguien que se me parecía...

SARGENTO FAVIO —Teniendo en cuenta esos derechos, ¿desea hablar conmigo sobre las acusaciones en contra suya?

RUBIO —No me importa... Yo no tengo nada que esconder...

SARGENTO FAVIO —Pero ¿entiende de qué se le acusa?

RUBIO —Sí, entiendo... pero le digo que no fui yo...

SARGENTO FAVIO —¿Puede usted probar que estaba en otra parte? ¿Había alguien con usted?

RUBIO —No. Estaba solo. Miré la televisión.

SARGENTO FAVIO —¿Cuál era el programa?

RUBIO —No me acuerdo... creo que era una película de John Wayne...

SARGENTO FAVIO —¿A qué hora empezó?

RUBIO —Creo que eran como las diez cuando empezó.

SARGENTO FAVIO —Trate de acordarse. ¡Estoy tratando de ayudarlo...!

RUBIO —¡Ah, sí...! Un amigo me llamó por teléfono a las diez y media más o menos... Platicamos hasta las doce.

SARGENTO FAVIO —¿Cómo se llama su amigo? ¿Cuál es su número de teléfono?

RUBIO —Se llama Alfonso Vélez... A lo mejor me puede ayudar a probar que soy inocente...

✳   ✳   ✳

An interrogation

Sergeant Favio is interrogating José Rubio during the investigation of a burglary.

SERGEANT FAVIO: I have spoken with witnesses who say that they saw you in the building the night of the burglary.

135

RUBIO:	It can't be! I was someplace else... The witnesses have made a mistake...
SERGEANT FAVIO:	We found physical evidence that you had been there... Your fingerprints, for example.
RUBIO:	Well, . . . I was there about two weeks ago, but not that night.
SERGEANT FAVIO:	The T.V. set that you tried to pawn was stolen. Where did you get it?
RUBIO:	I bought it from a man who offered me a bargain.
SERGEANT FAVIO:	Can you describe him? Do you know his name? When and where did you buy it?
RUBIO:	No, . . . I don't know him . . . but I bought it from him a month ago. . . . It cost me fifty dollars.

Sergeant Favio reads him his rights.

SERGEANT FAVIO:	Do you understand the rights that I have . . . explained to you?
RUBIO:	Yes, but it wasn't me. . . . Maybe it was someone who looked like me. . . .
SERGEANT FAVIO:	Keeping in mind those rights, do you wish to speak with me about the accusations against you?
RUBIO:	I don't care. . . . I have nothing to hide. . . .
SERGEANT FAVIO:	But do you understand what you're being accused of?
RUBIO:	Yes, I understand . . . but I'm telling you it wasn't me. . . .
SERGEANT FAVIO:	Can you prove that you were someplace else?
RUBIO:	No. I was alone. I watched television.
SERGEANT FAVIO:	What was the program?
RUBIO:	I don't remember. . . . I think it was a John Wayne movie. . . .
SERGEANT FAVIO:	What time did it start?
RUBIO:	I think it was about 10 when it started.
SERGEANT FAVIO:	Try to remember. I'm trying to help you . . . !
RUBIO:	Oh, yeah . . . ! A friend called me (on the phone) at about 10:30. . . . We talked until twelve.
SERGEANT FAVIO:	What's your friend's name? What's his phone number?
RUBIO:	His name is Alfonso Vélez. . . . Maybe he can help me prove that I'm innocent. . . .

VOCABULARY

COGNATES

la **acusación**	accusation	**físico(a)**	physical
la **evidencia**	evidence	**inocente**	innocent

NOUNS

el **derecho** right
el **edificio** building
la **ganga** bargain
el **interrogatorio** interrogation
la **película** movie, film
el, la **testigo** witness

VERBS

acusar to accuse
costar (o>ue) to cost
empeñar to pawn
equivocarse to make a mistake
explicar to explain
interrogar to interrogate, to question
ofrecer (*conj. like* **parecer**) to offer
parecerse (a) to look like
platicar (*Mex.*) to talk, to converse
probar (o>ue) to prove

OTHER WORDS AND EXPRESSIONS

a lo mejor maybe, perhaps
como... about . . .
contra, en contra against
¿De dónde lo sacó? Where did you get it (from)?
en contra suya against you
en otra parte someplace else
no me importa I don't care
¡No puede ser! It can't be!
se le acusa de... you are being accused of . . .
tener en cuenta to keep in mind

DIALOGUE RECALL PRACTICE

**Study the dialogue you have just read; then complete the sentences below.   If you cannot recall
certain words, reread the dialogues, focusing on the words you missed and learning them within the
context of the sentence in which they appear.**

El sargento Favio está interrogando a José Rubio durante la investigación de un robo.

SARGENTO FAVIO   —He .... con .... que dicen que

.... en el .... la

noche del ....

RUBIO   —¡............................ .... ! Yo

estaba ....

.... Los testigos se ....

SARGENTO FAVIO   —............................ .... de que usted

.... allí... Sus

.... , por ejemplo.

RUBIO   —Bueno... yo .... allí ....

.... dos semanas, pero no esa noche.

SARGENTO FAVIO   —El .... que usted trató de .... era

.... ¿............................ ....

.... ?

RUBIO   —Se lo compré a un hombre que me .... una

....

SARGENTO FAVIO   —¿Puede .... ? ¿Sabe su .... ?

¿............................ y .... lo compró?

RUBIO   —No,... no lo .... pero se lo compré

.... un .... Me

.... 50 dólares.

El sargento Favio le lee sus derechos.

SARGENTO FAVIO   —¿............................ los derechos que le ....

.... ?

RUBIO	—Sí, pero .... yo...
	.... fue
	alguien que se ....
SARGENTO FAVIO	—........................... .... esos derechos, ¿desea hablar
	.... sobre las .... en contra
	.... ?
RUBIO	—........................... .... Yo
	no tengo nada que ....
SARGENTO FAVIO	—Pero, ¿entiende de qué ....
	.... ?
RUBIO	—Sí, ... pero le digo que no ....
	....
SARGENTO FAVIO	—¿Puede usted .... que estaba ....
	.... ? ¿Había alguien
	.... ?
RUBIO	—No. Estaba .... Miré la ....
SARGENTO FAVIO	—¿........................... era el .... ?
RUBIO	—No .... creo que era una
	.... de John Wayne...
SARGENTO FAVIO	—¿........................... ....
	empezó?
RUBIO	—Creo que .... como las diez cuando
	....
SARGENTO FAVIO	—........................... .... acordarse. ¡Estoy tratando de
	.... !
RUBIO	—¡Ah, sí... ! Un amigo me ....
	.... a las diez y media ....
	.... las
	doce.

SARGENTO FAVIO —¿.......................... .... su

amigo? ¿...................... .... su número de

teléfono?

RUBIO —........................ .... Alfonso Vélez...

.... puede

ayudar a .... que soy ....

LET'S PRACTICE!

A. Rewrite the following sentences with *hace que* and make any other required change.

1. Hace dos horas que llegaron.

.... cinco minutos ....

.... salió.

.... ocho días ....

2. Rosa vino hace un mes.

Nosotros ....

.... lo vimos ....

Tú ....

.... cuatro semanas.

3. ¿Cuánto tiempo hace que ustedes llegaron?

¿ .... lo conocieron?

¿.. nosotros .... ?

¿ .... vinimos a California?

B. Give the Spanish equivalent of the following past participles.

1. gone: ....
2. closed: ....
3. seen: ....
4. opened: ....
5. written: ....

6. worked: ....
7. slept: ....
8. covered: ....
9. done: ....
10. drunk: ....

11. said: .... 16. put: ....

12. had: .... 17. run: ....

13. died: .... 18. returned: ....

14. broken: .... 19. eaten: ....

15. spoken: .... 20. used: ....

C. Rewrite the following sentences, first in the present perfect, then in the past perfect.

1. Me dice la verdad.

   ....

   ....

2. ¿Les da el número de teléfono?

   ....

   ....

3. Nosotros le explicamos sus derechos.

   ....

   ....

4. ¿Ves la película?

   ....

   ....

5. ¿Uds. son testigos?

   ....

   ....

6. Yo no recibo el dinero.

   ....

   ....

7. Ellos me piden mi opinión.

   ....

   ....

8. Entran por la ventana.

   ....

   ....

QUESTION-ANSWER EXERCISES

A. Answer the following questions in complete sentences.

1. ¿Qué dicen los testigos?

   ....

2. ¿Qué dice Rubio?

   ....

3. ¿Qué evidencia física encontraron de que Rubio había estado allí?

   ....

4. ¿Cuándo dice Rubio que él estuvo en el edificio?

   ....

5. ¿Qué dice el agente Favio sobre el televisor que Rubio trató de empeñar?

   ....

6. ¿De dónde sacó Rubio el televisor?

   ....

7. ¿Cuánto le costó a Rubio el televisor?

   ....

8. ¿Qué le lee el sargento Favio a Rubio?

   ....

9. Rubio dice que él no robó el televisor. ¿Quién dice él que fue?

   ....

10. ¿Por qué dice Rubio que no le importa hablar con el sargento?

    ....

11. ¿Entiende Rubio de qué se le acusa?

    ....

12. ¿Qué sigue diciendo?

    ....

13. ¿Había alguien con Rubio la noche del robo?

    ....

14. ¿A qué hora empezó el programa de televisión?

   ....

15. ¿Qué pasó a eso de las diez y media?

   ....

16. ¿Hasta qué hora platicaron Rubio y su amigo?

   ....

17. ¿Qué cree Rubio que puede hacer su amigo?

   ....

B.   **And now, answer these personal questions.**
   1. ¿Recuerda usted dónde estaba la noche del cuatro de julio?

   ....

   2. ¿Va usted a empeñar su televisor?

   ....

   3. ¿Cuánto tiempo hace que usted compró su carro?

   ....

   4. Alguien entró en mi casa y se llevó el televisor. ¿Fue usted?

   ....

   5. ¿Hay acusaciones en contra mía?

   ....

   6. ¿Había alguien con usted anoche o estaba solo(a)?

   ....

DIALOGUE COMPLETION

Use your imagination and the vocabulary you have learned in this lesson to complete the missing parts of this dialogue.

El teniente Casas interroga a Juan Luna.

CASAS —..

LUNA —No, yo no estuve en ese edificio anoche.

CASAS —..

LUNA —¿Mis huellas digitales? ¡No puede ser!

CASAS —..

LUNA —¿La máquina de escribir? Me la dio un amigo...

CASAS —..

LUNA —Bueno,... yo no sabía que era robada... (*le lee sus derechos*)

CASAS —..

....

LUNA —Sí, entiendo...

CASAS —..

....

LUNA —No... quiero hablar con un abogado...

CASAS —..

SITUATIONAL EXERCISES

What would you say in the following situations?

1. You are interrogating a suspect. Tell him two witnesses saw him at the school, talking to some of the children. Ask him if he can prove that he was someplace else.
2. You are talking to a witness. Ask her if she made a mistake. Tell her the man that she described was not in the building the night of the robbery.
3. Someone tries to pawn a stolen camera. Ask him where he got it. Ask him if he understands what he is being accused of.
4. A suspect tells you she has an alibi: she was on the phone with a friend while the crime was taking place. Ask her for her friend's name, address, and telephone number. Ask her also at what time he called and how long they talked.

YOU'RE ON YOUR OWN!

Act out the following situations with a partner:

1. An officer interrogating a robbery suspect.
2. An officer talking to a suspect about his legal rights.

VOCABULARY EXPANSION

SOME USEFUL NOUNS

la **alarma antirrobo** burglar alarm
la **característica** characteristic
la **cárcel,** la **prisión** jail, prison
la **casa de empeño** pawnshop
la **celda** cell

el, la **cómplice** accomplice
el, la **culpable** guilty (person)
la **entrevista** interview
la **investigación de rutina** routine investigation

el, la **juez** judge
el **jurado** jury
la **queja** complaint

identificar to identify
poner una demanda to sue
rendirse (e>i) to surrender

SOME USEFUL VERBS (AND EXPRESSIONS)
confesar to confess
estar rodeado(a) to be surrounded

Los dedos de la mano

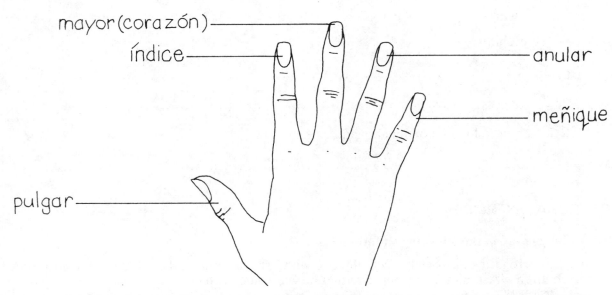

A. **Complete each of the following sentences with an appropriate expression given in the Vocabulary Expansion.**

1. Si usted estaba con él cuando robó el televisor, usted es ....

2. Hay una .... contra ustedes.

3. Como no tenía dinero, llevé el televisor a una ....

4. ¿Cuáles son sus .... físicas? ¿Es alto? ¿bajo? ¿rubio? ¿moreno?

5. Compramos una .... porque hay muchos ladrones por aquí.

6. Atropelló a mi hijo. Voy a ponerle una ....

7. Cuando vio que estaba rodeado, se ....

8. El padre de ella es un ladrón. Ahora está en la ....

9. El hombre .... que él era el culpable.

10. El presidente dio una ....

11. ¿Pueden ustedes .... al ladrón?

12. Están en la cárcel. Los dos están en la misma ....

13. No es nada. Es una investigación de ....

14. El .... le dio veinte años de cárcel.

15. El .... decidió que ella no era culpable.

B. Name the part of the hand that corresponds to each number.

Los dedos de la mano

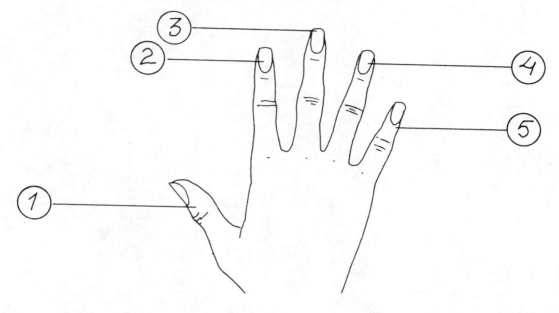

1. ....   4. ....

2. ....   5. ....

3. ....

Lesson 15

¿Camino a Seattle...?

El agente Ochoa detiene a un hombre que maneja muy despacio en la autopista.

AGENTE OCHOA	—¿Está descompuesto su carro?
HOMBRE	—Los frenos no funcionan muy bien. Tendré que arreglarlos…
AGENTE OCHOA	—¿Está usted enfermo o herido?
HOMBRE	—Estoy un poco enfermo. No me siento bien…
AGENTE OCHOA	—¿Es usted diabético o epiléptico?
HOMBRE	—Soy diabético.
AGENTE OCHOA	—¿Toma usted insulina?
HOMBRE	—Sí, señor.
AGENTE OCHOA	—¿Tiene algún defecto físico?
HOMBRE	—Soy ciego de un ojo.
AGENTE OCHOA	—¿Cuánto tiempo hace que no duerme?
HOMBRE	—Hace unas doce horas.
AGENTE OCHOA	—¿Cuánto tiempo durmió?
HOMBRE	—Unas cuatro horas…
AGENTE OCHOA	—¿Cuándo fue la última vez que comió?
HOMBRE	—Esta mañana tomé un poco de café y comí un pedazo de pan.
AGENTE OCHOA	—¿Dónde comenzó a manejar?
HOMBRE	—En San Bernardino.
AGENTE OCHOA	—¿A dónde va?
HOMBRE	—Iba a Seattle… pero creo que me perdí… ¿Podría decirme dónde estoy?
AGENTE OCHOA	—En Sacramento. ¿Ha tomado alguna bebida alcohólica?
HOMBRE	—Tomé un vaso de aguardiente…
AGENTE OCHOA	—¿Solamente un vaso… ?
HOMBRE	—Media botella… Pero hacía mucho tiempo que no tomaba bebidas alcohólicas…
AGENTE OCHOA	—¿Había tomado algo antes?
HOMBRE	—Una cerveza, con unos amigos.
AGENTE OCHOA	—¿Siente los efectos de las bebidas?
HOMBRE	—No,… pero no me siento muy bien… Me gustaría acostarme…
AGENTE OCHOA	—¿Está usted bajo cuidado médico o del dentista?
HOMBRE	—No, señor, pero al llegar a Seattle iré a un médico…
AGENTE OCHOA	—¿Ha tomado usted alguna medicina o drogas?
HOMBRE	—Sí, tomé unas pastillitas para el dolor de cabeza.
AGENTE OCHOA	—¿A qué hora tomó la última dosis?
HOMBRE	—A eso de la una, pero creo que tendré que tomar dos más…
AGENTE OCHOA	—Bájese del carro, por favor.

＊　＊　＊

On the Way to Seattle . . . ?

Officer Ochoa stops a man who is driving very slowly on the freeway.

OFFICER OCHOA:	Are you having car trouble?
MAN:	The brakes aren't working very well. . . . I'll have to fix them. . . .
OFFICER OCHOA:	Are you sick or hurt?
MAN:	I'm a little sick. I'm not feeling well. . . .
OFFICER OCHOA:	Are you diabetic or epileptic?
MAN:	I'm diabetic.
OFFICER OCHOA:	Do you take insulin?
MAN:	Yes, sir.
OFFICER OCHOA:	Do you have any physical disability?
MAN:	I'm blind in one eye.
OFFICER OCHOA:	How long has it been since you slept?
MAN:	It's been about twelve hours.
OFFICER OCHOA:	How long did you sleep?
MAN:	About four hours. . . .
OFFICER OCHOA:	When was the last time you ate?
MAN:	This morning I drank a little coffee and I ate a piece of bread.
OFFICER OCHOA:	Where did you start driving?
MAN:	In San Bernardino.
OFFICER OCHOA:	Where are you going?
MAN:	I was going to Seattle . . . but I think I got lost. . . . Could you tell me where I am?
OFFICER OCHOA:	In Sacramento. Have you had (drunk) any alcoholic beverage?
MAN:	I had (drank) a glass of whisky . . .
OFFICER OCHOA:	Only one glass . . . ?
MAN:	Half a bottle, but I hadn't had alcoholic beverages for a long time.
OFFICER OCHOA:	Had you had something to drink before?
MAN:	A beer, with some friends.
OFFICER OCHOA:	Do you feel the effects of the drinks?
MAN:	No, . . . but I'm not feeling very well. . . . I'd like to lie down . . .
OFFICER OCHOA:	Are you under a doctor's or dentist's care?
MAN:	No, sir, but when I get to Seattle I'll go to a doctor . . .
OFFICER OCHOA:	Have you taken any medicine or drugs?
MAN:	Yes, I took some little pills for my headache.
OFFICER OCHOA:	What time did you take the last dose?
MAN:	At about one, but I think I'll have to take two more.
OFFICER OCHOA:	Get out of the car, please.

VOCABULARY

COGNATES

el, la **dentista** dentist	la **insulina** insulin
el **efecto** effect	la **medicina** medicine
epiléptico(a) epileptic	

NOUNS

el **aguardiente** whisky
la **bebida** drink
la **cerveza** beer
la **dosis** dose
los **frenos** brakes
el **pan** bread
la **pastilla** pill

el **pedazo,** el **trozo** piece
el **vaso** drinking glass

VERBS

acostarse (o>ue) to lie down
funcionar to work, to function
perderse (e>ie) to get lost

ADJECTIVES

ciego(a)   blind
descompuesto(a)   broken, out of order

OTHER WORDS AND EXPRESSIONS

bajo   under
bajo cuidado médico   under a doctor's care
camino a...   on the way to . . .

ciego de un ojo   blind in one eye
defecto físico   physical disability
dolor de cabeza   headache
media botella   half a bottle
no funciona   it's out of order
un poco (de)   a little
unos(as)...   about . . .

DIALOGUE RECALL PRACTICE

Study the dialogue you have just read; then complete the sentences below. If you cannot recall certain words, reread the dialogue, focusing on the words you missed and learning them within the context of the sentence in which they appear.

El agente Ochoa detiene a un hombre que maneja muy despacio en la autopista.

AGENTE OCHOA   —¿Está .... su carro?

HOMBRE   —Los .... no .... muy bien...

.... que arreglarlos.

AGENTE OCHOA   —¿Está Ud. .... o .... ?

HOMBRE   —Estoy un .... enfermo. No ....

.... bien.

AGENTE OCHOA   —¿Es usted .... o .... ?

HOMBRE   —Soy ....

AGENTE OCHOA   —¿Toma usted .... ?

HOMBRE   —Sí, señor.

AGENTE OCHOA   —¿Tiene algún .... ?

HOMBRE   —Soy .... de ....

....

AGENTE OCHOA   —¿Cuánto tiempo .... no

.... ?

HOMBRE   —Hace .... doce ....

AGENTE OCHOA   —¿........................... .... durmió?

HOMBRE   —........................... cuatro horas...

AGENTE OCHOA   —¿Cuándo fue la .... que comió?

149

HOMBRE   —Esta mañana tomé ....

      .... café y comí un .... de

      ....

AGENTE OCHOA —¿Dónde .... a manejar?

HOMBRE   —........................... San Bernardino.

AGENTE OCHOA —¿A .... va?

HOMBRE   —........................... a Seattle... pero creo que me ....

      ¿Podría .... dónde .... ?

AGENTE OCHOA —........................... Sacramento. ¿Ha ....

      alguna .... alcohólica?

HOMBRE   —Tomé un .... de aguardiente...

AGENTE OCHOA —¿........................... un vaso?

HOMBRE   —........................... botella... Pero .... mucho

      .... que no .... bebidas

      ....

AGENTE OCHOA —¿........................... .... algo antes?

HOMBRE   —Una .... , con unos ....

AGENTE OCHOA —¿........................... los .... de las

      .... ?

HOMBRE   —No,... pero ....

      .... muy bien... Me .... acostarme.

AGENTE OCHOA —¿Está Ud. ....

      .... o del .... ?

HOMBRE   —No, ... , pero al .... a Seattle

      .... a un médico.

AGENTE OCHOA —¿........................... .... Ud. alguna medicina o

      .... ?

HOMBRE   —Sí, tomé unas .... para el ....

      ....

AGENTE OCHOA —¿A qué hora .... la ....

.... ?

HOMBRE —........................... .... la una,

pero .... que .... que tomar dos

....

AGENTE OCHOA —........................... del carro, por favor.

LET'S PRACTICE!

A. **Write sentences using the expression *hacía que* and the following elements.**

Modelo: 3 años / Jorge / vivir allí
Hacía 3 años que Jorge vivía allí.

1. dos años / ella / tomar insulina

....

2. 12 horas / nosotros / no comer

....

3. media hora / yo / esperarte

....

4. una semana / ellos / no verlos

....

5. 3 días / el señor Vera / sentirse mal

....

B. **You are needed as an interpreter. Translate the following sentences into Spanish:**

1. Are the brakes broken? ....

   Yes, you'll have to fix them, sir. ....

2. Would you like to lie down, madam? ....

   Yes, I'm not feeling well. ....

3. Did you see your brother? ....

   Yes, I had not seen him for two years. ....

4. Could you give me a little money? ....

   I don't have (any) money. ....

5. What will you do? ....

   We will take him to a doctor. ....

QUESTION-ANSWER EXERCISES

A.   Answer the following questions in complete sentences.

1. ¿Está descompuesto el carro del hombre?

   ....

2. ¿Qué tendrá que arreglar?

   ....

3. ¿Cómo se siente el hombre?

   ....

4. ¿Es epiléptico el hombre?

   ....

5. ¿Qué toma el hombre para la diabetes?

   ....

6. ¿Qué defecto físico tiene el hombre?

   ....

7. ¿Cuánto tiempo hace que el hombre no duerme?

   ....

8. ¿Comió bien el hombre esta mañana?

   ....

9. ¿Por qué cree el hombre que no va a llegar a Seattle?

   ....

10. ¿Qué bebida alcohólica ha tomado el hombre?

    ....

11. ¿Qué había tomado antes?

    ....

12. ¿Cree usted que el hombre siente los efectos del alcohol?

    ....

13. ¿Qué ha tomado el hombre para el dolor de cabeza?

....

14. ¿A qué hora tomó el hombre la última dosis?

....

15. ¿Qué tendrá que hacer?

....

16. ¿Qué dice el hombre que hará al llegar a Seattle?

....

B.   And now, answer these personal questions.

1. Si una persona maneja muy despacio en la autopista, ¿la detiene usted?

....

....

2. ¿Funcionan bien los frenos de su carro?

....

3. ¿Cuánto tiempo hace que usted no come?

....

4. ¿Cuánto tiempo durmió usted anoche?

....

5. ¿Cuándo fue la última vez que usted comió?

....

6. ¿Ha tomado usted alguna bebida alcohólica hoy?

....

7. ¿Está usted bajo cuidado médico o del dentista?

....

8. ¿Qué tendrá usted que hacer al llegar a su casa?

....

DIALOGUE COMPLETION

Use your imagination and the vocabulary you have learned in this lesson to complete the missing parts of the following dialogue.

La agente Miño detiene a una mujer en la autopista.

AGENTE MIÑO —...

MUJER —Manejo despacio porque mi carro está descompuesto.

AGENTE MIÑO —...

MUJER —No, no estoy enferma, pero estoy muy cansada…

AGENTE MIÑO —...

MUJER —Hace unas veinte horas que no duermo…

AGENTE MIÑO —...

MUJER —Voy a San Antonio.

AGENTE MIÑO —...

MUJER —Anoche. Comí un pedazo de pan y un poco de chocolate.

AGENTE MIÑO —...

MUJER —No, yo no tomo bebidas alcohólicas.

AGENTE MIÑO —...

MUJER —No, no estoy bajo cuidado médico.

AGENTE MIÑO —...

MUJER —Tomé una pastilla para el dolor de cabeza, pero yo nunca tomo drogas…

AGENTE MIÑO —...

MUJER —Tomé la última dosis hace unas dos horas.

AGENTE MIÑO —...

MUJER —¿Dormir? ¡Tengo mucha prisa!

AGENTE MIÑO —...

SITUATIONAL EXERCISES

What would you say in the following situations?

1. You stop a motorist who is driving rather erratically. Ask him if he's sick or hurt, how long he has gone without sleep, and when he last ate.
2. Ask a motorist whether she has had any alcoholic beverage and whether she is under a doctor's or dentist's care.

3. You have been stopped for driving too slowly on the highway. Tell the officer the car brakes aren't working. Tell him also that you are not feeling very well and that you think you are lost.

YOU'RE ON YOUR OWN!

Act out the following situations with a partner:

1. A police officer stopping a motorist who is obviously sick and too tired to drive.
2. A police officer stopping a motorist who is obviously drunk.

VOCABULARY EXPANSION

FOR HEALTH PROBLEMS AND
PHYSICAL DISABILITIES

alérgico(a) allergic
la **apendicitis** appendicitis
la **artritis** arthritis
cojo(a) lame, crippled
las **convulsiones** convulsions
corto de vista nearsighted
la **enfermedad venérea** venereal disease
la **gonorrea** gonorrhea
la **gripe** flu

la **herida** wound
la **infección** infection
mudo(a) mute
la **pulmonía** pneumonia
la **quemadura** burn
el **resfrío**, el **catarro** cold
la **sífilis** syphilis
sordo(a) deaf
la **tos** cough

Match the items in column B with those in column A.

	A			B
1.	cough	____	a.	enfermedad venérea
2.	pneumonia	____	b.	convulsiones
3.	appendicitis	____	c.	quemadura
4.	cold	____	d.	tos
5.	infection	____	e.	mudo
6.	deaf	____	f.	alérgico
7.	mute	____	g.	catarro, resfrío
8.	lame, crippled	____	h.	gripe
9.	venereal disease	____	i.	pulmonía
10.	syphilis	____	j.	artritis
11.	gonorrhea	____	k.	apendicitis
12.	allergic	____	l.	herida
13.	arthritis	____	m.	sífilis
14.	convulsions	____	n.	infección
15.	flu	____	o.	corto de vista
16.	burn	____	p.	sordo
17.	nearsighted	____	q.	cojo
18.	wound	____	r.	gonorrea

LESSONS 11–15   VOCABULARY REVIEW

A. Circle the word or phrase that does not belong in each group.

1. alhajas, armas, joyas
2. tocadiscos, máquina de coser, grabadora
3. sargento, teniente, colección
4. escribimos, anotamos, dejamos
5. trajeron, se llevaron, robaron
6. exceso de velocidad, muy rápido, despacio
7. edificio, señal de parada, luz roja
8. escribir el nombre, leer, firmar
9. puede ser, a lo mejor, siempre
10. ¿quién se lo dio?, ¿quién vino?, ¿de dónde lo sacó?
11. pienso, tengo en cuenta, manejo
12. digo que fue él, platico, lo acuso
13. escribe, dice cómo es, explica
14. no fuimos nosotros, estamos cansados, somos inocentes
15. ganga, edificio, casa
16. restaurante, película, cine
17. doy, me parezco, ofrezco
18. huellas digitales, evidencia, esquina
19. aquí no, tengo en cuenta, en otra parte
20. motocicleta, camión, brazo
21. temprano, tarde, ayer
22. la semana pasada, la semana que viene, la única vez
23. mañana, ayer, anteayer
24. alto, doble circulación, ceda el paso
25. peligro, desvío, una vía
26. oído, ceja, pestañas
27. pelo, dientes, cabello
28. codo, rodilla, brazo
29. pecho, frente, cara
30. celda, jurado, cárcel

B. Circle the appropriate expression in order to complete each sentence. Then read the sentence aloud.

1. El agente le explicó sus (gangas, derechos).
2. No tenía dinero. Tuvo que (interrogar, empeñar) su cámara fotográfica.
3. Mi abogado va a (pasar, probar) que soy inocente.
4. La grabadora (cuesta, tiembla) cien dólares.
5. ¿Cuáles son las acusaciones (en contra, a favor) de mi padre?

6. Déjeme (ver, cruzar) su licencia para conducir.
7. Debes tratar de (manejar con cuidado, atropellar a todos).
8. Debe comparecer (ante, detrás de) la corte.
9. No fue culpa mía. No (fui yo, lo sé).
10. Me dio una multa porque (me pasé, vi) la luz roja.
11. Ya no vive aquí. (Se fue, Se levantó).
12. ¿Puede usted decirme el (techo, valor) aproximado de los objetos robados?
13. ¿Está (asegurada, atrasada) su casa?
14. Probablemente le van a tomar una (radiografía, cara).
15. ¿Tienen ustedes un extinguidor de (puentes, incendios)?
16. Ud. se lastimó. ¿Quédese (quieto, descompuesto).
17. El aguardiente es una (cerveza, bebida alcohólica).
18. Los frenos no (hablan, funcionan) bien.
19. El dentista dice que debo tomar esa (cerveza, medicina).
20. Toma insulina porque es (diabético, epiléptico).
21. No tengo hambre. Comí un pedazo de (pastilla, pan).
22. ¿Quieres un (vasito, trocito) de cerveza?
23. El sargento está (bajo, por) cuidado médico.
24. Los muchachos iban (camino a, siempre) Los Ángeles.
25. Tengo unos treinta dólares. Necesito (un poco, dinero) más.
26. ¿Tiene usted algún (pan, defecto) físico?
27. ¿Puede (darme, hablarme) una lista de los objetos robados?
28. Mi carro no está pagado. Debo muchos (plazos, pedazos).
29. No estoy (anoche, al día) en los pagos.
30. Cruzó la calle (de repente, lo posible).
31. Como no tenía dinero, llevé la cámara a una (casa de empeño, tienda).
32. Cuando lo rodearon, el ratero (se rindió, se lavó).
33. Le tomaron radiografías (del hombro, de la camisa).
34. Su (codo, cintura) mide 38 pulgadas.
35. (Al amanecer, al anochecer) tomábamos el desayuno.
36. La mujer tiene que comparecer ante la corte (el año pasado, el mes que viene).
37. Hoy es el 23 de diciembre. (Mañana, pasado mañana) va a ser Navidad.
38. El juez nos exigió una multa por llegar (temprano, tarde) a la corte.
39. La señal que vimos en frente decía, "desvío". Por eso (seguimos adelante, dimos vuelta).
40. Quédese quieto. Tiene quebrada la (espalda, lengua).

C. Match the questions in column A with the answers in column B.

A		B	
1.	¿Tiene seguro su papá? ____	a.	De plata.
2.	¿Falta algo más? ____	b.	Ayer por la tarde.
3.	¿Cuál es el número de la chapa? ____	c.	Me dio una multa.
4.	¿Tiene armas? ____	d.	Sí. No la vi.
5.	¿Cuándo fue la última vez que vio el carro? ____	e.	Unos cincuenta.
6.	¿Dónde dejó el carro? ____	f.	Sí, y casi me atropelló.
7.	¿Pueden recobrar el carro? ____	g.	No, delante de nosotros.
8.	¿De qué son los cubiertos? ____	h.	No, no iba tan rápido.
9.	¿Sospecha usted de alguien? ____	i.	Hablamos con un agente de la Policía de Patrulla.
10.	¿Qué hizo el policía? ____	j.	A ver… sí, la cámara fotográfica…
11.	¿Puedo ver su licencia para conducir? ____	k.	Le voy a poner una venda.
12.	¿Me pasé la luz roja? ____	l.	Hubo un accidente.
13.	¿Había muchos coches? ____	m.	Sí, un revólver.
14.	¿Se pasó la señal de parada? ____	n.	Sí, y además es epiléptico.
15.	Ibas a unas 80 millas por hora, ¿no? ____	o.	Creo que sí.
16.	¿Estaba detrás de ustedes? ____	p.	Sí, aquí la tiene.
17.	¿Qué hicieron antes de eso? ____	q.	Sí, de mi vecino.
18.	¿Es diabético? ____	r.	Vamos a hacer lo posible.
19.	¿Qué va a hacer? ____	s.	A C T 963.
20.	¿Qué pasó? ____	t.	En la calle.
21.	¿De qué se me acusa? ____	u.	55 millas por hora en la autopista.
22.	¿Cómo se siente? ____	v.	Un poco mareado.
23.	¿Cuál es la velocidad máxima? ____	w.	Firmar este papel.
24.	¿Qué debo hacer? ____	x.	A mi papá.
25.	¿A quién se parece usted? ____	y.	De robo.

D. Write these words in Spanish. What expression is formed vertically?

1. they talked (*Mex.*) — |_ _ _ _ _ _ _

2. to pass (a car) (*Mex.*) _ _ _ | _ _ _

3. to prove | _ _ _ _ _

4. against _ | _ _ _ _

5. ambulance _ _ _ _ | _ _ _ _

6. idea | _ _ _

7. physical _ _ _ _ | _

8. I don't care: **No me** ____ | _ _ _ _ _

9. he checks _ _ _ _ _ |

10. model _ _ | _ _ _

11. description _ | _ _ _ _ _ _ _

12. he pawns _ _ | _ _ _

13. totally _ _ _ | _ _ _ _ _

14. interrogation _ _ | _ _ _ _ _ _ _ _

15. right _ _ | _ _ _

16. it costs _ | _ _ _ _

17. collection _ _ | _ _ _ _ _

18. I explain _ _ _ | _ _ _

19. to register _ _ _ _ _ _ | _

E. Crucigrama

HORIZONTAL

1. *chassis*, en español
3. *I swerved*, en español
5. lo que cuesta
8. *cab (of a truck)*, en español
9. personas que vieron lo que pasó
12. No puede ver. Es ____ .
15. *they hid*, en español
18. Tiene epilepsia. Es ____ .
20. *as, like*, en español
22. trozo
23. Tomo aspirinas para el ____ de cabeza.

25. *dose*, en español
26. escribe
28. *bridge*, en español
30. opuesto de «tener razón»
32. Me dio una ____ por exceso de velocidad.
33. Hablaba
35. Apagó el fuego con un ____ de incendios.
36. *dizzy*, en español

VERTICAL

2. Los bomberos ____ el fuego.
4. El «*Empire State*» es uno.
6. *accusations*, en español
7. *they interrogate*, en español
10. No funciona. Está ____ .
11. lo que vemos en el cine
13. *to prove*, en español
14. Yo voy contigo. Tú vas ____ .
16. Debemos manejar con ____ .
17. *to collide*, en español

19. Siente los ____ de la bebida.
21. one-half
22. *to get lost*, en español
24. La ____ de mi carro es A N A 435.
27. *shaking*, en español
29. *bargain*, en español
31. persona que no maneja el carro, pero va en él
34. *bandage*, en español

Lesson 16

En la cárcel

El señor Bravo está en la cárcel.   Lo arrestaron por manejar borracho.   Ahora está hablando con el agente Ríos.

SEÑOR BRAVO	—¿Por qué me trajeron aquí? ¿Qué ciudad es ésta?
AGENTE RÍOS	—Usted está en la Cárcel del Condado de Riverside, y lo arrestaron por manejar borracho.
SEÑOR BRAVO	—Quiero que me diga qué tengo que hacer para salir de aquí. Tengo muchísimo trabajo en la oficina.
AGENTE RÍOS	—Le explicaré lo que vamos a hacer, paso a paso. Primero tengo que registrarlo y después le quitaré las esposas.
SEÑOR BRAVO	—¿Y después?
AGENTE RÍOS	—Quiero que vacíe los bolsillos por completo y ponga todas sus cosas en el mostrador.
SEÑOR BRAVO	—¿Quiere que me quite la chaqueta?
AGENTE RÍOS	—Sí, y también quiero que se quite los zapatos y los calcetines y los ponga en el suelo.
SEÑOR BRAVO	—¿Y cuándo saldré de aquí?
AGENTE RÍOS	—Tenemos que llenar unos papeles, sacarle una fotografía, y tomarle las huellas digitales.
SEÑOR BRAVO	—¿Eso es todo?
AGENTE RÍOS	—No, después de todo eso tendrá que esperar por lo menos cuatro horas.
SEÑOR BRAVO	—¿Y cuándo me van a soltar?
AGENTE RÍOS	—Bueno, mucho depende de sus antecedentes… Probablemente lo pondrán en libertad bajo fianza.
SEÑOR BRAVO	—¿Y si no consigo el dinero para la fianza?
AGENTE RÍOS	—Tendrá que quedarse aquí hasta el lunes. ¿Entiende lo que le he explicado, señor Bravo?
SEÑOR BRAVO	—Sí, pero ahora quiero que llame a mi esposa.
AGENTE RÍOS	—Usted puede llamarla. Use este teléfono.

✳ ✳ ✳

In Jail

Mr. Bravo is in jail.   They arrested him for driving while drunk.   Now he is speaking with Officer Ríos.

MR. BRAVO:	Why did they bring me here? What city is this?
OFFICER RÍOS:	You are in the Riverside County Jail and they arrested you for drunk driving.
MR. BRAVO:	I want you to tell me what I have to do to get out of here. I have a lot of work in the office.
OFFICER RÍOS:	I will explain to you what we are going to do, step by step. First I have to search you and then I'll take the handcuffs off you.
MR. BRAVO:	And then?

OFFICER RÍOS:	I want you to empty your pockets completely and put all your things on the counter.
MR. BRAVO:	Do you want me to take my jacket off?
OFFICER RÍOS:	Yes, and I also want you to take off your shoes and socks and put them on the floor.
MR. BRAVO:	And when will I get out of here?
OFFICER RÍOS:	We have to fill out some papers, take your picture, and take your fingerprints.
MR. BRAVO:	Is that all?
OFFICER RÍOS:	No, after all that you'll have to wait for at least four hours.
MR. BRAVO:	And when are you going to let me go?
OFFICER RÍOS:	Well, a lot depends on your record . . . They'll probably release you on bail.
MR. BRAVO:	And if I can't make bail (get the money for the bail)?
OFFICER RÍOS:	You'll have to stay here until Monday. Do you understand what I have explained to you, Mr. Bravo?
MR. BRAVO:	Yes, but now I want you to call my wife.
OFFICER RÍOS:	You can call her. Use this phone.

VOCABULARY

NOUNS

los **antecedentes**   record (whether criminal or not)
el **bolsillo,** la **bolsa**   pocket
los **calcetines**   socks
el **condado**   county
la **cosa**   thing
las **esposas**   handcuffs
la **fianza**   bail
la **libertad**   freedom
el **mostrador**   counter
el **paso**   step

VERBS

depender (de)   to depend (on)
quedarse   to stay
soltar (o>ue)   to release, to let go

vaciar   to empty

OTHER WORDS AND EXPRESSIONS

conseguir el dinero para la fianza   to make bail
después   then, afterwards
después de todo eso   after all that
la **libertad bajo fianza**   freedom on bail
paso a paso   step by step
por completo   completely
por lo menos   at least
por manejar borracho   for driving while drunk
sacar una fotografía   to take a picture
tomar las huellas digitales   to fingerprint

DIALOGUE RECALL PRACTICE

Study the dialogue you have just read; then complete the sentences below. If you cannot recall certain words, reread the dialogue, focusing on the words you missed and learning them within the context of the sentence in which they appear.

El señor Bravo está en la cárcel.   Lo arrestaron por manejar borracho.   Ahora está hablando con el agente Ríos.

SEÑOR BRAVO   —¿Por qué .... aquí? ¿Qué

.... es .... ?

AGENTE RÍOS   —Usted está en la .... del .... de Riverside,

y lo .... por ....

SEÑOR BRAVO   —Quiero que me .... qué tengo que ....

para salir de aquí. Tengo .... trabajo en la

....

AGENTE RÍOS —Le .... lo que .... a

.... , paso a .... Primero

.... que .... y después le

.... las ....

SEÑOR BRAVO —¿Y .... ?

AGENTE RÍOS —Quiero que .... los .... por

.... y .... todas sus ....

en el ....

SEÑOR BRAVO —¿Quiere que me .... la .... ?

AGENTE RÍOS —Sí, y también quiero que se .... los .... y

los .... y los .... en el suelo.

SEÑOR BRAVO —¿Y cuándo .... de .... ?

AGENTE RÍOS —Tenemos que .... unos .... , sacarle una

.... , y tomarle las ....

....

SEÑOR BRAVO —¿Eso .... ?

AGENTE RÍOS —No, después de .... tendrá que

esperar ....

cuatro horas.

SEÑOR BRAVO —¿Y cuándo me ....

.... ?

AGENTE RÍOS —Bueno, mucho .... de sus ....

Probablemente lo .... en .... bajo

....

SEÑOR BRAVO —¿Y si no .... el dinero para la .... ?

AGENTE RÍOS —Tendrá que .... aquí .... el lunes. ¿En-

tiende lo que le .... , señor Bravo?

SEÑOR BRAVO —Sí, pero ahora quiero que .... mi

esposa.

AGENTE RÍOS   —Usted .... Use este

....

LET'S PRACTICE

A.   Complete the following verb chart in the subjunctive mood.

INFINITIVO	YO	TÚ	UD., ÉL, ELLA	NOSOTROS	UDS., ELLOS, ELLAS
trabajar					
	diga				
		traigas			
			venga		
				vayamos	
					entiendan
dormir					
	dé				
		estés			
			conozca		
				sepamos	
					sean
mover					
	ponga				
		salgas			
			haga		
				veamos	
					mientan

B.   Rewrite the following sentences, according to the cues:

1. El agente quiere decírselo paso a paso.

.... que yo ....

2. Jorge quiere poner todas sus cosas en el mostrador.

.... que Ud. ....

166

3. Ellos quieren quedarse por lo menos dos horas.

.... que Uds. ....

4. Ella quiere ponerlo en libertad bajo fianza.

.... que nosotros ....

5. Él quiere soltarlos.

.... que ellos ....

6. El agente quiere vaciar los bolsillos.

.... que tú ....

QUESTION-ANSWER EXERCISES

A. Answer the following questions in complete sentences:

1. ¿Dónde está el señor Bravo?

....

2. ¿Por qué lo arrestaron?

....

3. ¿Qué quiere el señor Bravo que le diga el agente Ríos?

....

4. ¿Qué hará el agente después de registrar al señor Bravo?

....

5. ¿Qué le dice el agente Ríos que haga con sus cosas?

....

6. ¿A quién le sacarán una fotografía?

....

7. ¿Ya puede irse el señor Bravo? ¿Por qué no?

....

8. ¿Qué harán probablemente con el señor Bravo?

....

9. ¿Qué le pasará al señor Bravo si no consigue el dinero para la fianza?

....

10. ¿Qué quiere el señor Bravo que haga el agente Ríos?

    ....

B. And now, answer these personal questions:

1. ¿Su jefe quiere que Ud. se quede en la comisaría?

    ....

2. ¿Qué preferiría usted: estar tres noches en la cárcel o pagar mil dólares?

    ....

3. ¿Dónde conseguiría usted el dinero para una fianza?

    ....

4. ¿A qué hora quiere su jefe que Ud. esté en la oficina?

    ....

5. Cuando usted arresta a alguien, ¿le toma las huellas digitales?

    ....

DIALOGUE COMPLETION

Use your imagination and the vocabulary you have learned in this lesson to complete the missing parts of the following dialogue.

El señor Paz está en la cárcel.

SR. PAZ —¿Dónde estoy? ¿Por qué me trajeron a la cárcel?

AGENTE MUÑOZ — ....

SR. PAZ —¿Cuánto tiempo tendré que quedarme aquí?

AGENTE MUÑOZ — ....

SR. PAZ —¿De mis antecedentes… ? ¿Y qué me van a hacer ahora… ?

AGENTE MUÑOZ — ....

    ....

SR. PAZ —Esto es todo lo que tengo en los bolsillos… y aquí están mis zapatos y mis calcetines…

AGENTE MUÑOZ — ....

SR. PAZ —Huellas digitales… fotografía… ¡pero yo no soy un criminal… !

AGENTE MUÑOZ — ....

SR. PAZ —¿Y qué pasa si no consigo el dinero para la fianza?

AGENTE MUÑOZ — ....

168

SITUATIONAL EXERCISES

What would you say in the following situations?

1. You have just arrested a drunken driver. Describe the booking procedure: the body search, the removal of handcuffs, shoes, and socks, the photographing, and fingerprinting of a suspect. Explain what is to be done with personal items.

2. Having booked a drunken driver, you answer her questions about bail and being released. Tell her what happens if bail is not forthcoming.

YOU'RE ON YOUR OWN!

Act out the following situation with a partner:

An officer booking a drunken driver.

VOCABULARY EXPANSION

FOR ARRESTING AND BOOKING

abra las piernas   spreadeagle
avisar   to notify
¿Cómo se escribe?   How do you spell it?
¡Dése preso!   You're under arrest!
el fiscal   district attorney
¡Manos arriba!   Hands up!
¡Párese! ¡Póngase de pie!   Stand up!
el pariente   relative
el patrón, jefe   employer, boss

Ponga las manos en la pared.   Put your hands against the wall.
por poseer drogas   for possession of drugs
la responsabilidad   responsibility
Súbase al carro.   Get in the car.
¿Tiene algún apodo?   Do you have any nickname?
Tiene derecho a hacer una llamada telefónica.   You have the right to make one phone call.

Translate the following sentences into Spanish.

1. You have the right to make one phone call.

   ....

2. Put your hands against the wall.

   ....

3. Stand up.

   ....

4. Spreadeagle.

   ....

5. Hands up! You're under arrest!

   ....

6. Do you want to notify your employer?

   ....

7. How do you spell your surname?

....

8. He is the district attorney.

....

9. Do you have any nickname?

....

10. Get in the car.

....

11. You can call a friend or a relative. . . .

....

12. It is the officer's responsibility.

....

13. . . . for possession of drugs . . .

....

Lesson 17

Una muchacha se escapa de su casa

El agente Gómez habla con los padres de una adolescente que se escapó de su casa.

AGENTE GÓMEZ	—¿Cuándo fue la última vez que vieron a su hija?
PADRE	—Anoche. Nos dijo que iba a estudiar con una compañera.
AGENTE GÓMEZ	—¿Cuándo se dieron cuenta de que se había escapado?
PADRE	—Esta mañana, cuando no vino a desayunar.
AGENTE GÓMEZ	—Es necesario que me den una descripción completa de su hija.
PADRE	—Se llama María Elena Portillo. Es baja—mide cinco pies y dos pulgadas—delgada, de pelo negro y ojos negros. Tiene un lunar cerca de la boca y una cicatriz en la mejilla derecha.
AGENTE GÓMEZ	—¿Qué ropa tenía puesta?
MADRE	—Tenía puesta una falda blanca, blusa roja, y un suéter negro… sandalias blancas y tenía una bolsa blanca.
AGENTE GÓMEZ	—¿Llevaba algunas joyas?
MADRE	—Sí, una cadena de oro con una cruz, un anillo de plata, y unos aretes rojos.
AGENTE GÓMEZ	—Espero que tengan una fotografía reciente de ella.
PADRE	—Sí, aquí tengo una en la billetera.
AGENTE GÓMEZ	—¿Por qué se escapó? ¿Ha tenido algún problema con Uds. o en la escuela?
PADRE	—Bueno,… ella estaba saliendo con un muchacho… y nosotros le dijimos que no nos gustaba… Estuvo preso dos veces…
AGENTE GÓMEZ	—¿Creen que su hija se fue con él… ?
MADRE	—Yo creo que sí. Él se llama José Ramírez y los dos asisten a la misma escuela.
AGENTE GÓMEZ	—¿Su hija se había escapado de su casa en alguna otra ocasión?
MADRE	—No, nunca. Yo creo que él la llevó contra su voluntad…
AGENTE GÓMEZ	—¿Saben si tenía dinero?
MADRE	—Sí, tenía unos cuarenta dólares, por lo menos.
AGENTE GÓMEZ	—¿Tienen alguna idea de dónde puede estar? Es importante que traten de recordar cualquier detalle.
PADRE	—No, ninguna.
AGENTE GÓMEZ	—¿Tenía carro?
MADRE	—No. Nosotros no queremos que maneje. Es muy joven…
AGENTE GÓMEZ	—¿Tiene algún documento de identificación?
PADRE	—Generalmente no lleva ningún documento en la cartera…
AGENTE GÓMEZ	—Bueno. Es necesario que me avisen en seguida si recuerdan algo más o si reciben alguna información.
MADRE	—Ojalá puedan encontrarla pronto.
AGENTE GÓMEZ	—Vamos a hacer todo lo posible, señora.

* * *

A Girl Runs Away from Home

Officer Gómez talks with the parents of a teen-age girl who ran away from home.

OFFICER GÓMEZ:	When was the last time you saw your daughter?
FATHER:	Last night. She told us that she was going to study with a classmate.
OFFICER GÓMEZ:	When did you realize that she had run away?
FATHER:	This morning, when she did not show up for breakfast.
OFFICER GÓMEZ:	It is necessary that you give me a complete description of your daughter . . .
FATHER:	Her name is Maria Elena Portillo. She is short—she's five foot two inches tall—slim, with black hair and black eyes. She has a mole near her mouth and a scar on her right cheek.
OFFICER GÓMEZ:	What clothes did she have on?
MOTHER:	She had on a white skirt, red blouse, and a black sweater . . . white sandals and she had a white purse.
OFFICER GÓMEZ:	Was she wearing any jewelry (jewels)?
MOTHER:	Yes, a gold chain with a cross, a silver ring, and some red earrings.
OFFICER GÓMEZ:	I hope you have a recent picture of her.
FATHER:	Yes, I have one here in my wallet.
OFFICER GÓMEZ:	Why did she run away? Has she had any problem with you or at school?
FATHER:	Well. . . . she was dating (going out with) a boy . . . and we told her we didn't like him. . . . He was in jail twice. . . .
OFFICER GÓMEZ:	Do you think that your daughter went away with him . . . ?
MOTHER:	I think so. His name is Jose Ramírez, and they both attend the same school.
OFFICER GÓMEZ:	Had your daughter run away from home before (on any other occasion)?
MOTHER:	No, never. I think he took her against her will. . . .
OFFICER GÓMEZ:	Do you know whether she had money?
MOTHER:	Yes, she had about forty dollars, at least.
OFFICER GÓMEZ:	Do you have any idea about where she can be? It is important that you try to remember any detail.
FATHER:	No, none.
OFFICER GÓMEZ:	Did she have a car?
MOTHER:	No. We don't want her to drive. She's very young. . . .
OFFICER GÓMEZ:	Does she have any (document of) identification?
FATHER:	She generally doesn't carry any I.D. in her purse . . .
OFFICER GÓMEZ:	Okay. It is necessary that you let me know right away if you remember anything else or if you receive any information.
MOTHER:	I hope (God grant that) you can find her soon.
OFFICER GÓMEZ:	We are going to do everything possible, ma'am.

VOCABULARY

COGNATES

la **blusa** blouse	**reciente** recent
completo(a) complete	las **sandalias** sandals
la **fotografía** photograph, picture	el **suéter** sweater
la **ocasión** occasion	

NOUNS

el, la **adolescente** teenager	la **boca** mouth
el **anillo** ring	la **bolsa**, la **cartera** purse
los **aretes** earrings	la **cadena** chain
la **billetera**, la **cartera** wallet	la **cicatriz** scar

172

el, la **compañero(a)** classmate, friend
la **cruz** cross
el **detalle** detail
la **falda** skirt
el **lunar** mole
la **mejilla,** el **cachete** cheek
el **oro** gold
el **pelo** hair
la **ropa** clothes
la **voluntad** will

VERBS

asistir (a) to attend
avisar to notify, to let (someone) know
desayunar to have breakfast

escaparse to run away, to escape

OTHER WORDS AND EXPRESSIONS

cerca (de) near
cualquier any (at all)
darse cuenta to realize
de pelo negro with black hair
dos veces twice
estar preso(a) to be in jail
los (las) dos the two of them
mismo(a) same
pronto soon
tener puesto(a) to have on, to wear
todo lo posible everything possible

DIALOGUE RECALL PRACTICE

**Study the dialogue you have just read; then complete the sentences below. If you cannot recall
certain words, reread the dialogue, focusing on the words you missed and learning them within the
context of the sentence in which they appear.**

El agente Gómez habla con los padres de una adolescente que se escapó de su casa.

AGENTE GÓMEZ —¿Cuándo fue la .... que

.... a su .... ?

PADRE —Anoche. .... que

.... a estudiar con una ....

AGENTE GÓMEZ —¿Cuándo ....

de que se había .... ?

PADRE —Esta mañana, cuando no .... a ....

AGENTE GÓMEZ —Es necesario que .... una descrip-

ción .... de su hija.

PADRE —............................. .... María Elena Portillo. Es

.............................—mide cinco .... y dos

.............................—delgada, ...

.... y ojos negros. Tiene un

.... cerca de la .... y una

.... en la .... derecha.

AGENTE GÓMEZ —¿Qué .... tenía .... ?

MADRE —........................... .... una ....

blanca, ... roja, y un .... negro...

.... blancas y .... una

.... blanca.

AGENTE GÓMEZ —¿Llevaba algunas .... ?

MADRE —Sí, una .... de oro con una .... , un

.... de plata, y unos .... rojos.

AGENTE GÓMEZ —Espero que .... una ....

.... de ella.

PADRE —Sí, aquí .... una en la ....

AGENTE GÓMEZ —¿Por qué .... ? ¿Ha tenido

.... con Uds. o en la

.... ?

PADRE —Bueno,... ella estaba .... un

muchacho... y nosotros le .... que no ....

.... Estuvo .... dos

....

AGENTE GÓMEZ —¿Creen que su hija .... con él... ?

MADRE —Yo .... Él

.... José Ramírez y los dos

.... la ....

escuela.

AGENTE GÓMEZ —¿Su hija ....

de su casa en ....

.... ?

MADRE —No, nunca. Yo creo que él ....

.... su ....

AGENTE GÓMEZ —¿Saben si .... ?

MADRE	—Sí, ... unos cuarenta .... , por lo menos.
AGENTE GÓMEZ	—¿Tienen alguna .... de dónde .... ? Es importante que .... recordar cualquier ....
PADRE	—No, ...
AGENTE GÓMEZ	—¿Tenía .... ?
MADRE	—No. Nosotros no queremos .... Es muy ....
AGENTE GÓMEZ	—¿Tiene .... de .... ?
PADRE	—........................... no lleva .... en la ....
AGENTE GÓMEZ	—Bueno. Es necesario que me .... en seguida si .... algo más si reciben alguna ....
MADRE	—Ojalá .... encontrarla ....
AGENTE GÓMEZ	—Vamos a .... , señora.

LET'S PRACTICE!

A. Change each sentence using the new words in parentheses.

Modelo: Ella tiene documentos.   (Espero)
Espero que ella tenga documentos.

1. Compran las faldas negras.   (Ojalá)

....

2. Ellos nos traen las fotografías.   (Es necesario que...)

....

3. No están desayunando ahora mismo.   (Me alegro de que...)

....

4. Ella va contra su voluntad.   (Temo que...)

   ....

5. Usted nos avisa en seguida.   (Es importante que...)

   ....

B.   **You are needed as an interpreter.   Translate the following sentences into Spanish.**

1. Are you going to tell them to bring the   ....

    photograph?   ....

    Yes, and I hope they have it.   ....

2. I'm afraid they won't remember anything.   ....

    It's important that they do everything   ....

    possible to remember.   ....

3. I hope you can find my ring soon.   ....

    It's unlikely that we'll find it right away, ...

    ma'am.   ....

4. It is advisable that he understand his rights   ....

    before talking to the police.   ....

    I'm sure the officer has explained them to   ....

    him.   ....

QUESTION-ANSWER EXERCISES

A.   Answer the following questions in complete sentences.

1. ¿Por qué habla el agente Gómez con los padres de la muchacha?

    ....

2. ¿Cuándo fue la última vez que el señor Gómez vio a su hija?

    ....

3. ¿Qué les dijo la muchacha a los padres?

    ....

4. ¿Qué pasó cuando la muchacha no vino a desayunar?

    ....

5. ¿Qué es necesario que hagan los padres de la muchacha?

....

6. ¿Cómo se llama la muchacha?

....

7. ¿Es rubia de ojos azules?

....

8. ¿Qué tiene María Elena cerca de la boca?

....

9. ¿Tiene María Elena algunas marcas visibles?

....

10. ¿Qué ropa tenía puesta María Elena?

....

11. ¿Eran rojas las sandalias y la bolsa de María Elena?

....

12. ¿Qué joyas llevaba María Elena?

....

13. ¿Dónde tiene el padre de María Elena una fotografía reciente de la muchacha?

....

....

14. ¿Ha tenido algún problema María Elena con sus padres?

....

15. ¿Por qué no les gustaba a los padres de María Elena el muchacho que salía con ella?

....

16. ¿Dónde veía María Elena al muchacho probablemente?   ¿Por qué?

....

....

17. ¿Se había escapado María Elena de su casa en alguna otra ocasión?

....

18. ¿Qué cree la mamá de María Elena?

....

19. ¿Por qué no tenía carro María Elena?

....

B. And now, answer these personal questions.

1. ¿Cuánto dinero tenía usted cuando salió de su casa?

....

2. ¿Tiene usted algún documento de identificación?

....

3. Cuando usted era adolescente, ¿se escapó alguna vez de su casa?

....

4. ¿Tiene usted una fotografía reciente de sus padres?

....

5. ¿Es importante que un testigo recuerde todos los detalles?

....

6. Si yo recibo alguna información sobre drogas, ¿es importante que yo le avise?

....

DIALOGUE COMPLETION

Use your imagination and the vocabulary that you have learned in this lesson to complete the missing parts of the following dialogue.

El agente Silva y el señor Ochoa hablan del hijo del señor Ochoa.

AGENTE SILVA —..

SR. OCHOA —Me di cuenta de que se había escapado porque no durmió en casa...

AGENTE SILVA —..

SR. OCHOA —Lo vi ayer por la tarde antes de ir a la oficina.

AGENTE SILVA —..

SR. OCHOA —No es reciente, pero tengo una fotografía de él...

AGENTE SILVA —..

178

SR. OCHOA —Llevaba puesto un pantalón azul, pero no recuerdo de qué color era la camisa…

AGENTE SILVA —..

SR. OCHOA —Yo sé qué es importante, pero temo no poder recordarlo…

AGENTE SILVA —..

SR. OCHOA —Solamente un anillo de oro.

AGENTE SILVA —..

SR. OCHOA —No, no ha tenido problemas conmigo…

AGENTE SILVA —..

SR. OCHOA —Sí, se escapó una vez cuando tenía diez años, pero lo trajeron de vuelta.

AGENTE SILVA —..

SR. OCHOA —No, generalmente no lleva ningún documento.

AGENTE SILVA —..

....

SR. OCHOA —Sí, si recuerdo algo más le aviso en seguida.   Ojalá puedan encontrarlo pronto.

AGENTE SILVA —..

SITUATIONAL EXERCISES

What would you say in the following situations?

1. You are investigating a runaway.   Ask the parents for a description of the child's physical characteristics and the clothing the child was wearing.   Question them about his or her friends. Ask the parents for a recent photograph of their child and tell them to notify you immediately if they remember any other detail.

2. You are talking to a child who ran away from home.   Tell him you want to help him and ask him why he ran away.   Tell him that if he has had problems with his parents or at school, he can talk with you.

3. You are investigating a missing person case.   Ask the person reporting it to recall when he realized the person wasn't home.   Tell him you want him to give you a complete description of the missing person.   Tell him also you will do everything possible to find him soon.

YOU'RE ON YOUR OWN!

Act out the following situation with a partner:

A police officer talking to a father or mother whose child has run away from home.

VOCABULARY EXPANSION

FOR INVESTIGATING RUNAWAYS
OR MISSING PERSONS

adoptado(a)   adopted
el **alojamiento**   lodging
conocido(a)   acquaintance
el **cura**   (*Catholic*) priest
el, la **delincuente juvenil**   juvenile delinquent
desaparecer   to disappear
la **estación de ómnibus**   bus station
homosexual   homosexual
jugar[1]   to play
el, la **maestro(a)**   teacher

matar   to kill
mayor de edad   of age, adult
menor de edad   minor
el **ministro**   minister
la **morgue**   morgue
pornográfico(a)   pornographic
la **prostitución**   prostitution
prostituto(a)   prostitute
refugiarse   to find refuge, shelter
el **sacerdote**   priest

Match the questions in column A with the answers in column B.

A

1. ¿Está muerta? ____
2. ¿Es usted mayor de edad? ____
3. ¿Es usted su padre? ____
4. ¿Es sacerdote? ____
5. ¿Dónde está el cadáver? ____
6. ¿Consiguió alojamiento? ____
7. ¿Son amigos? ____
8. ¿No está aquí? ____
9. ¿Dónde lo encontraron? ____
10. ¿El ladrón tiene 15 años... ? ____
11. Él es homosexual, ¿no? ____
12. ¿Con quién juega el niño? ____
13. ¿Está en la escuela? ____
14. ¿Dónde se refugió el hombre? ____
15. ¿Es prostituta ella? ____
16. ¿Vendían libros pornográficos? ____
17. ¿Es su hijo? ____
18. ¿Es ministro o cura? ____

B

a. En la morgue.
b. Yo creo que sí...
c. Con los hijos del vecino.
d. No, solamente conocidos.
e. En una iglesia.
f. Sí, y ahora están presos.
g. Sí, la arrestaron por eso.
h. No, soy su tutor.
i. Es ministro.
j. Sí, mi hijo adoptado.
k. Sí, está en un motel.
l. Sí, es un delincuente juvenil.
m. Sí, la mató su esposo.
n. No... desapareció...
o. Sí, es cura.
p. Sí, con la maestra.
q. En la estación de ómnibus.
r. No, soy menor de edad.

---

[1]Present indicative: **juego, juegas, juega, jugamos, juegan**

Lesson 18

Una violación

Una muchachita de diez y seis años llama a la policía, diciendo que acaban de violarla. La muchacha pide que manden alguien que hable español, porque ella no entiende inglés. La agente Rocha está con la víctima ahora.

VÍCTIMA	—¡Ayúdeme, por favor!
AGENTE ROCHA	—¿Tus padres no están en casa... ?
VÍCTIMA	—No, ellos no llegan hasta mañana.
AGENTE ROCHA	—Bueno, cálmante y cuéntame lo que pasó.
VÍCTIMA	—Yo estaba en mi cuarto, leyendo, cuando tocaron a la puerta... Fui a abrir, y un hombre entró y me empujó... Y me caí... y me golpeó... (*Llora histéricamente.*)
AGENTE ROCHA	—Mira, yo comprendo que esto es muy difícil para ti, pero para poder ayudarte y arrestar al hombre que te violó, necesitamos información.
VÍCTIMA	—Sí, yo sé... pero antes... quiero bañarme, quitarme esta ropa... ¡Me siento sucia!
AGENTE ROCHA	—Lo siento, pero es mejor esperar. Primero tiene que examinarte un médico. Además, un baño puede destruir evidencia necesaria... ¿Conocías al hombre que te atacó?
VÍCTIMA	—No, no, no. Era un extraño...
AGENTE ROCHA	—¿Puedes reconocerlo, si lo ves?
VÍCTIMA	—No creo que pueda olvidar esa cara...
AGENTE ROCHA	—¿De qué raza era?
VÍCTIMA	—Era blanco... Más bien bajo, gordo, de ojos castaños. Tenía barba y bigote, pero era calvo.
AGENTE ROCHA	—¿Nunca lo habías visto antes?
VÍCTIMA	—No, estoy segura de que nunca lo había visto.
AGENTE ROCHA	—¿Qué hora, era, más o menos?
VÍCTIMA	—Eran como las nueve y media.
AGENTE ROCHA	—¿Te cambiaste de ropa o es la misma que llevabas?
VÍCTIMA	—Es la misma. Llamé en cuanto se fue.
AGENTE ROCHA	—Un médico debe revisarte, como te dijo. ¿Prefieres que llamemos al tuyo?
VÍCTIMA	—Sí, por favor...
AGENTE ROCHA	—Ahora... ¿el hombre llegó a violarte? Es decir, ¿hubo penetración?
VÍCTIMA	—Sí, yo no pude hacer nada. Me amenazó con un cuchillo...
AGENTE ROCHA	—¿Te obligó a realizar algún acto sexual anormal durante la violación?
VÍCTIMA	—No,...
AGENTE ROCHA	—¿Qué más recuerdas de él? ¿Tenía alguna marca visible... ? ¿Un tatuaje? ¿Usaba anteojos?
VÍCTIMA	—No, no usaba lentes, pero tenía un tatuaje en el brazo izquierdo... y cojeaba...
AGENTE ROCHA	—¿Tenía algún acento específico? ¿Te dijo algo?
VÍCTIMA	—Me dijo: «No grites... tengo un cuchillo...»
AGENTE ROCHA	—¿Trataste de luchar con él... de defenderte... ?
VÍCTIMA	—No,... tenía tanto miedo...

181

AGENTE ROCHA	—¿Viste la dirección que tomó cuando se fue?
VÍCTIMA	—No,... miré por la ventana, pero no lo vi...

✳   ✳   ✳

A Rape

A sixteen-year-old girl calls the police, saying that she has just been raped.   The girl asks that they send someone who speaks Spanish, because she does not understand English.   Officer Rocha is with the victim now.

VICTIM:	Help me, please!
OFFICER ROCHA:	Your parents aren't (at) home . . . ?
VICTIM:	No, they won't be home (arrive) until tomorrow.
OFFICER ROCHA:	Okay, calm down and tell me what happened.
VICTIM:	I was in my room, reading, when there was a knock on the door . . . I went to open (it), and a man came in and pushed me. . . . And I fell . . . and he hit (struck) me. . . . (*She cries hysterically.*)
OFFICER ROCHA:	Look, I understand that this is very difficult for you, but to be able to help you and arrest the man that raped you, we need information.
VICTIM:	Yes, I know . . . but first . . . I want to take a bath, take off these clothes . . . I feel dirty!
OFFICER ROCHA:	I'm sorry, but it is better to wait. First, a doctor has to examine you. Besides, a bath can destroy necessary evidence. . . . Did you know the man who attacked you?
VICTIM:	No, no, no. He was a stranger. . . .
OFFICER ROCHA:	Can you recognize him if you see him?
VICTIM:	I don't think I can forget that face. . . .
OFFICER ROCHA:	What race was he?
VICTIM:	He was white. . . . Rather short, fat, with brown eyes. He had a beard and a moustache, but he was bald.
OFFICER ROCHA:	You had never seen him before?
VICTIM:	No, I'm sure I had never seen him.
OFFICER ROCHA:	What time was it, more or less?
VICTIM:	It was about 9:30.
OFFICER ROCHA:	Did you change clothes or are you wearing the same (clothes) that you wore?
VICTIM:	They are the same. I called as soon as he left.
OFFICER ROCHA:	A doctor has to examine (check you), as I told you. Do you prefer that we call yours?
VICTIM:	Yes, please . . .
OFFICER ROCHA:	Now . . . did the man actually rape you? That is to say, was there penetration?
VICTIM:	Yes, I wasn't able to do anything. He threatened me with a knife . . .
OFFICER ROCHA:	Did he force you to perform any abnormal sexual act during the rape?
VICTIM:	No, . . .
OFFICER ROCHA:	What else do you remember about him? Did he have any visible marks . . . ? A tattoo? Did he wear glasses?
VICTIM:	No, he didn't wear glasses, but he had a tattoo on his left arm . . . and he limped. . . .
OFFICER ROCHA:	Did he have any specific accent? Did he say anything to you?
VICTIM:	He said (to me): "Don't scream . . . I have a knife. . . ."
OFFICER ROCHA:	Did you try to fight with him . . . to defend yourself . . . ?
VICTIM:	No, . . . I was so scared . . .
OFFICER ROCHA:	Did you see what direction he took when he left?
VICTIM:	No, . . . I looked through the window, but I didn't see him. . . .

VOCABULARY

COGNATES

el **acento**	accent	**histéricamente**	hysterically
el **acto**	act	la **penetración**	penetration
anormal	abnormal	**sexual**	sexual
la **dirección**	direction	la **víctima**	victim
específico(a)	specific		

NOUNS

los **anteojos,** los **lentes**   eyeglasses, spectacles
el **baño**   bath
la **barba**   beard
el **bigote**   moustache
la **cara**   face
el **cuchillo**   knife
la **raza**   race
la **violación**   rape

VERBS

amenazar   to threaten
caerse   to fall
calmarse   to calm down
cojear   to limp
defender(se)   to defend (oneself)
destruir   to destroy
empujar   to push
examinar   to examine
golpear   to hit, to strike
gritar   to scream, to shout
luchar   to fight, to struggle
llevar   to wear, to have on
llorar   to cry
obligar   to obligate
olvidar   to forget

realizar   to perform, to make
usar   to wear, to use
violar   to rape

ADJECTIVES

calvo(a), pelado(a)   bald
castaño, café   brown (*ref. to eyes or hair*)
difícil   difficult
sucio(a)   dirty

OTHER WORDS AND EXPRESSIONS

antes   first
cambiarse de ropa   to change clothes
en cuanto   as soon as
es decir...   that is to say . . .
¿El hombre llegó a violarte?   Did the man
   actually rape you?
más bien   rather
más o menos   more or less, approximately
¡tenía tanto miedo!   I was so scared!
tocar (llamar) a la puerta   to knock on the
   door
ya sé...   I know . . .

DIALOGUE RECALL PRACTICE

Study the dialogue you have just read; then complete the sentences below. If you cannot recall certain words, reread the dialogues, focusing on the words you missed and learning them within the context of the sentence in which they appear.

El agente Rocha habla con la víctima de una violación.

VÍCTIMA   —¡........................... , por favor!

AGENTE ROCHA   —¿Tus padres no ....

                        .... ?

VÍCTIMA   —No, ellos no ....

                        ....

AGENTE ROCHA   —Bueno, ... y .... lo que pasó.

VÍCTIMA   —Yo estaba en mi cuarto, ... , cuando ....

                        .... Fui a

                        abrir, y un hombre .... y ....

                        .... Y ....

                        y me .... (*Llora histéricamente.*)

AGENTE ROCHA —Mira, yo .... que esto es muy ....

.... , pero para poder

.... y arrestar al hombre que ....

.... , necesitamos ....

VÍCTIMA —¡Sí, ... pero

.... quiero bañarme, quitarme ....

.... ¡Me siento .... !

AGENTE ROCHA —Lo siento, pero es mejor .... Primero

.... un

médico. Además, un .... puede ....

evidencia necesaria... ¿........................... al hombre que

.... ?

VÍCTIMA —No, no, no. ....

....

AGENTE ROCHA —¿Puedes .... , si lo ves?

VÍCTIMA —No creo que .... esa

....

AGENTE ROCHA —¿De qué .... era?

VÍCTIMA —Era blanco... .... bajo, gordo,

.... Tenía

.... y .... , pero era

....

AGENTE ROCHA —¿Nunca lo .... antes?

VÍCTIMA —No, ... de que nunca lo

....

AGENTE ROCHA —¿Qué hora era, ...

.... ?

VÍCTIMA —................................... .... nueve y

        media.

AGENTE ROCHA —¿................................. ....

        .... o es la misma que .... ?

VÍCTIMA —Es la .... Llamé ....

        .... se fue.

AGENTE ROCHA —Un médico .... , come te dije.

        ¿Prefieres que ....

        .... ?

VÍCTIMA —Sí, por favor...

AGENTE ROCHA —Ahora... ¿el hombre ....

        .... ? Es decir, ¿hubo .... ?

VÍCTIMA —Sí, yo no .... nada. Me

        .... con un ....

AGENTE ROCHA —¿Te .... a .... algún

        .... sexual .... durante la violación?

VÍCTIMA —No,...

AGENTE ROCHA —¿Qué más recuerdas de él? ¿Tenía ....

        .... ? ¿Un tatuaje?

        ¿..................................... .... ?

VÍCTIMA —No, no usaba .... , pero tenía un .... en

        el brazo izquierdo... y ....

AGENTE ROCHA —¿Tenía algún .... ? ¿Te dijo algo?

VÍCTIMA —Me dijo: «No .... tengo un ....»

AGENTE ROCHA —¿Trataste de .... con él... de .... ?

VÍCTIMA —No,... tenía ....

AGENTE ROCHA   —¿Viste la .... que tomó cuando ....

.... ?

VÍCTIMA   —No,... miré ....

.... , pero no lo ....

LET'S PRACTICE!

A.   You are needed as an interpreter.   Translate the following sentences into Spanish.

1. I want to speak with the lady who knows ....

   my son. ....

   I doubt that she's here today. . . . .

2. Is there anybody here who knows what ....

   happened? ....

   Yes, there is a girl who can tell us the ....

   truth. . . . .

3. It isn't true that I can't change clothes. ....

   I'm sure it's true. ....

4. Do you think he actually raped her? ....

   I doubt that she's telling the truth. . . . .

5. We need a man who doesn't have a ....

   moustache. ....

   There are three men in our department ....

   who don't have moustaches. ....

B.   Answer the following questions with affirmative commands, using the *tú* form.

Modelo: —¿Quieres que **te ayude?**
            —*Sí,* **ayúdame.**

1. ¿Quieres que lo ponga aquí?

   ....

186

2. ¿Prefieres que te diga la verdad?

....

3. ¿Es necesario que los traiga mañana?

....

4. ¿Quieres que te espere aquí?

....

5. ¿Prefieres que yo venga temprano?

....

6. ¿Es necesario que me bañe ahora mismo?

....

7. ¿Prefieres que llame a tu médico?

....

8. ¿Tú me sugieres que pida ayuda?

....

C. Now rewrite your answers to the questions in Exercise B, this time, giving negative commands.

Modelo: —¿Quieres que **te ayude?**
          —*No, **no me ayudes**.*

1. ....

2. ....

3. ....

4. ....

5. ....

6. ....

7. ....

8. ....

D. Complete the following chart to review both the formal (*Ud.* and *Uds.* forms) command and the familiar command.

INFINITIVO	UD.	UDS.	TÚ (AFFIRM.)	TÚ (NEG.)
hablar	hable	hablen	habla	no hables
manejar				
comer	coma	coman	come	no comas
beber				
escribir	escriba	escriban	escribe	no escribas
abrir				
venir	venga	vengan	ven	no vengas
tener				
cerrar	cierre	cierren	cierra	no cierres
empezar				
dormir	duerma	duerman	duerme	no duermas
volver				
seguir	siga	sigan	sigue	no sigas
pedir				
poner				
salir				
ir				
ser				
decir				
hacer				
dar				

QUESTION-ANSWER EXERCISES

A. Answer the following questions in complete sentences.

1. ¿Cuántos años tiene la muchacha que llama a la policía?

....

2. ¿Qué dice la muchacha y qué pide?

   ....

   ....

3. ¿Dónde estaba la víctima y qué estaba haciendo cuando tocaron a la puerta?

   ....

4. ¿Qué pasó cuando la muchacha abrió la puerta?

   ....

5. ¿Qué quiere hacer la muchacha antes de hablar con la agente?

   ....

6. ¿Por qué dice la agente Rocha que es mejor esperar?

   ....

   ....

7. ¿Conocía la muchacha al hombre que la atacó?

   ....

8. Describa al hombre que violó a la muchacha.

   ....

9. ¿Se cambió de ropa la muchacha?

   ....

10. ¿Esperó mucho tiempo la muchacha antes de llamar a la policía?

    ....

11. ¿Llegó a violar el hombre a la muchacha?

    ....

12. ¿Qué más recuerda la muchacha del hombre?

    ....

13. ¿Tenía armas el hombre?

    ....

14. ¿Trató de defenderse la muchacha? ¿Por qué?

    ....

15. ¿Sabe la muchacha qué dirección tomó el hombre?   ¿Por qué?

....

B.   **And now, answer these personal questions.**

1. ¿Qué estaba haciendo usted cuando tocaron a la puerta?

....

2. ¿Se cambió usted de ropa antes de ir a trabajar?

....

3. ¿Es posible que una mujer viole a un hombre?

....

4. ¿Qué debe hacer un agente de policía para ayudar a la víctima de una violación?

....

....

5. ¿Ha investigado usted casos de violación?

....

DIALOGUE COMPLETION

Use your imagination and the vocabulary you have learned in this lesson to complete the missing parts of the following dialogue.

El agente Mena habla con Sara, la víctima de una violación.

AGENTE MENA   —..

SARA   —No, nunca lo había visto antes.

AGENTE MENA   —..

SARA   —Era blanco... de estatura mediana, pelo negro y ojos azules.

AGENTE MENA   —..

SARA   —Tenía bigote, pero no tenía barba.

AGENTE MENA   —..

SARA   —No recuerdo nada más...

AGENTE MENA   —..

SARA   —No, no usaba lentes.

AGENTE MENA   —..

190

SARA —Sí, me amenazó con un cuchillo.

AGENTE MENA — ....

SARA —Sí, traté de defenderme, pero no pude hacer nada.

AGENTE MENA — ....

SARA —Sí, llegó a violarme… hubo penetración…

AGENTE MENA — ....

SARA —No, nada anormal…

AGENTE MENA — ....

SARA —Sí, fue hasta la esquina y dobló a la derecha…

AGENTE MENA — ....

SARA —Creo que era un Ford amarillo… pero no estoy segura…

SITUATIONAL EXERCISES

What would you say in the following situations?

1. You answer a call from a hysterical rape victim. Tell her to calm down and to describe what happened. Tell her also that you know it is difficult for her to talk about it, but you need information to arrest the man who raped her.
2. You are with a rape victim. Advise her about the necessary medical procedures, offer to call a doctor, and ask her if she would prefer that you call her own doctor.
3. You are investigating a rape. Ask the victim to describe the man. Help her to remember as many details as possible about the rapist by asking questions about his physical characteristics, clothing, accent, etc.

YOU'RE ON YOUR OWN!

Act out the following situations with a partner:

An officer talking to a rape victim, trying to get information about the rapist, and about what happened.

VOCABULARY EXPANSION

FOR DESCRIBING PERSONS

el **acné** acne
artificial artificial
bizco(a) cross-eyed
la **careta**, la **máscara** mask
claro(a) light (*color*)
deformado(a) deformed
desfigurado(a) disfigured

embarazada pregnant
los **granos** pimples
hablar con «zeta» to lisp
muscular muscular
la **nariz chata** flat nose
el, la **negro(a)** black (*person*)
el **ojo de vidrio** glass eye

191

los **ojos saltones**   protruding eyes
oriental   oriental
oscuro(a)   dark
las **pecas**   freckles
el **pelo corto**   short hair
el **pelo crespo**   curly hair
el **pelo lacio**   straight hair

el **pelo largo**   long hair
la **peluca**   wig, hairpiece
robusto(a)   robust, heavyset
tartamudear   to stutter
tuerto(a)   one-eyed
el **vello**   body hair
velludo(a)   hairy
la **verruga**   wart

Match the questions in column A with the answers in column B.

A

1. ¿Es una verruga? ____
2. ¿Es gordo? ____
3. ¿Tiene pelo crespo? ____
4. ¿Tiene acné? ____
5. ¿Es tuerto? ____
6. ¿Es azul claro? ____
7. ¿Era negro? ____
8. ¿Tartamudea? ____
9. ¿Tiene nariz chata? ____
10. ¿Es velludo? ____
11. ¿Tiene pecas? ____
12. ¿Está embarazada? ____
13. ¿Es bizco? ____
14. ¿Cómo son los ojos? ____
15. ¿Tuvo un accidente? ____
16. ¿Es calvo? ____
17. ¿Le viste la cara? ____
18. ¿Tiene las dos piernas? ____
19. ¿Es deformado? ____
20. ¿Cómo es el pelo? ____
21. ¿Tiene pelo largo? ____

B

a. No, más bien grande.
b. No, habla con «zeta».
c. No, no tiene problemas con los ojos.
d. No, oscuro.
e. No, porque tenía careta.
f. Saltones.
g. Sí, tiene mucho vello.
h. Una es artificial…
i. Sí, pero usa peluca.
j. No… es robusto y muscular.
k. Crespo.
l. Sí, y tiene un ojo de vidrio.
m. No, lacio.
n. No, es perfecto.
o. No, es un lunar.
p. Sí, va a tener un bebé.
q. Sí, y ahora está desfigurado.
r. No, oriental.
s. Algunas, en la nariz.
t. Sí, y muchos granos…
u. No, corto.

Lesson 19

Adán 13

Un día de trabajo para el agente Cabañas de la Comisaría Cuarta de la ciudad de Los Ángeles.

Las dos y media de la tarde:

El agente Cabañas le lee sus derechos a un criminal que acaba de arrestar.

1. Ud. tiene derecho a no decir nada.
2. Cualquier cosa que usted diga puede ser y será usada en contra suya en el tribunal.
3. Ud. tiene derecho a hablar con un abogado y a tenerlo presente mientras lo interrogamos.
4. Si usted no tiene dinero para pagar a un abogado, la corte nombrará a uno para que lo represente, gratis, si usted lo desea.

AGENTE CABAÑAS	—¿Entiende usted cada uno de estos derechos, como yo se los he explicado?
HOMBRE	—Sí, los entiendo.

Las tres y cuarto de la tarde:

El agente Cabañas va a la casa de Felipe Núñez para hablar con él. Habla con la mamá del muchacho.

AGENTE CABAÑAS	—Necesito hablar con Felipe Núñez, señora. Es urgente.
SRA. NÚÑEZ	—No está, y no sé a qué hora va a regresar.
AGENTE CABAÑAS	—Bueno, cuando regrese, dígale que me llame a este número, por favor. Dígale que quiero hacerle unas preguntas.
SRA. NÚÑEZ	—Muy bien. Se lo diré en cuanto lo vea.

Las cinco de la tarde:

El agente Cabañas va al apartamento de un muchacho que trató de suicidarse.

AGENTE CABAÑAS	—¿Dónde está el muchacho?
VECINO	—Allí, en la cocina. Lo encontré con la cabeza metida en el horno.
AGENTE CABAÑAS	—¿Había olor a gas?
VECINO	—Sí, por eso llamé a la policía en cuanto llegué. También llamé a los paramédicos. (*Van a la cocina y el agente habla con el muchacho.*)
AGENTE CABAÑAS	—¿Puede oírme? ¿Cómo se siente?
MUCHACHO	—Mal… Tomé…
AGENTE CABAÑAS	—¿Qué tomó? ¿Veneno? ¿Qué veneno tomó… ?
MUCHACHO	—No,… calmantes… en el baño…

Las ocho de la noche:

El agente Cabañas detiene a una señora que maneja con los faros del carro apagados.

AGENTE CABAÑAS	—La detuve porque los faros de su carro no están prendidos.
SEÑORA	—Sí,... parece que están descompuestos...
AGENTE CABAÑAS	—Bueno, no puede manejar este carro a menos que haga arreglar los faros del carro.
SEÑORA	—Sí, mañana sin falta.
AGENTE CABAÑAS	—Cuando el carro esté listo, llévelo a esta dirección. Ahí le van a firmar el dorso de esta papeleta para confirmar que usted hizo arreglar el desperfecto.

* * *

Adam 13

A day's work for Officer Cabañas of the Fourth Precinct of the City of Los Angeles.

2:30 P.M.

Officer Cabañas reads a criminal he has just arrested his rights.

1. You have the right to remain silent.
2. Anything you say can and will be used against you in a court of law.
3. You have the right to speak with an attorney and to have an attorney present while you are being interrogated.
4. If you cannot afford (you do not have money to pay) an attorney, the court will name one to represent you, free of charge, if you desire.

| OFFICER CABAÑAS: | Do you understand each one of these rights, as I have explained them to you? |
| MAN: | Yes, I understand (them). |

3:15 P.M.

Officer Cabañas goes to Felipe Núñez's house to speak with him. He speaks with the boy's mother.

OFFICER CABAÑAS:	I need to speak with Felipe Núñez, ma'am. It is urgent.
MRS. NÚÑEZ:	He isn't (home), and I don't know what time he is going to return.
OFFICER CABAÑAS:	Well, when he comes back, tell him to call me at this number, please. Tell him I want to ask him some questions.
MRS. NÚÑEZ:	Very well. I'll tell him as soon as I see him.

5:00 P.M.

Officer Cabañas goes to the apartment of a boy (young man) who tried to commit suicide.

OFFICER CABAÑAS:	Where is the boy?
NEIGHBOR:	Over there, in the kitchen. I found him with his head in the oven.
OFFICER CABAÑAS:	Was there (a) smell of gas?
NEIGHBOR:	Yes, that's why I called the police as soon as I arrived. I also called the paramedics. (*They go to the kitchen and the officer speaks to the boy.*)
OFFICER CABAÑAS:	Can you hear me? How do you feel?
BOY:	Bad . . . I took . . .
OFFICER CABAÑAS:	What did you take? Poison? What poison did you take . . . ?
BOY:	No, . . . tranquilizers . . . in the bathroom . . .

8:00 P.M.

Officer Cabañas stops a lady who is driving her car with its headlights turned off.

OFFICER CABAÑAS:	I stopped you because the headlights of your car are not on.
LADY:	Yes, . . . it seems that they are not working. . . .
OFFICER CABAÑAS:	Okay, you can't drive this car unless you have the lights fixed.
LADY:	Yes, tomorrow without fail.

OFFICER CABAÑAS: When the car is ready, take it to this address. (There) they're going to sign the back of this form to confirm that you had the damage repaired.

VOCABULARY

COGNATES

el **apartamento** apartment	el, la **paramédico(a)** paramedic
el, la **criminal** criminal	**presente** present
el **gas** gas	**urgente** urgent

NOUNS

el **baño**   bathroom
el **calmante**   tranquilizer
la **cocina**   kitchen
la **corte**   court
el **desperfecto**   slight damage
el **dorso**   back
el **faro**   headlight
el **horno**   oven
el **olor**   smell
la **papeleta**   small piece of paper, form
el **trabajo**   work, job
el **tribunal**   court
el **veneno**   poison

VERBS

confirmar   to confirm
encontrar (o>ue)   to find
nombrar   to name
oír[1]   to hear

representar   to represent

ADJECTIVES

listo(a)   ready

OTHER WORDS AND EXPRESSIONS

ahí   there, over there
cada uno(a)   each one
con la cabeza metida en...   with one's head inside . . .
cualquier cosa   anything
gratis   free (of charge)
hacer arreglar   to have (something) fixed
hacer una pregunta   to ask a question
metido(a)   placed
mientras   while
será usado(a)   will be used
sin falta   without fail

DIALOGUE RECALL PRACTICE

Study the dialogues you have just read; then complete the sentences below. If you cannot recall certain words, reread the dialogues, focusing on the words you missed and learning them within the context of the sentence in which they appear.

Las dos y media de la tarde:

El agente Cabañas le lee sus derechos a un criminal que acaba de arrestar.

1. Ud. tiene .... a no ....

2. .... que Ud. .... puede ser y

.... en contra suya en el ....

—————
Present indicative: **oigo, oyes, oye, oímos, oyen**

3. Ud. tiene derecho a hablar ....

.... y a tenerlo .... lo

interrogamos.

4. Si usted no .... para .... a un

abogado, ...: .... a uno para que

lo .... , ... , si usted lo desea.

AGENTE CABAÑAS	—¿Entiende usted .... de estos

derechos, como yo se los he .... ?

HOMBRE   —Sí, ...

Las tres y cuarto de la tarde:

El agente Cabañas va a la casa de Felipe Núñez para hablar con él. Habla con la mamá del muchacho.

AGENTE CABAÑAS   —Necesito .... Felipe Núñez,

señora. Es ....

SEÑORA   —No .... , y no sé ....

.... va a regresar.

AGENTE CABAÑAS   —Bueno, cuando .... , dígale que me

.... a este número, por favor. Dígale que quiero

....

SRA. NÚÑEZ   —Muy bien. ....

.... en cuanto lo ....

Las cinco de la tarde:

El agente Cabañas va al apartamento de un muchacho que trató de suicidarse.

AGENTE CABAÑAS   —¿.............................. .... el muchacho?

VECINO   —Allí, en la .... Lo .... con la cabeza

.... en el ....

AGENTE CABAÑAS   —¿Había ....

.... ?

VECINO —Sí, ... llamé a la policía

....

También llamé a los .... (*Van a la cocina y el agente*

habla con el muchacho.)

AGENTE CABAÑAS —¿.............................. .... ? ¿Cómo se

.... ?

MUCHACHO —Mal... ....

AGENTE CABAÑAS —¿Qué .... ? ¿............................. ? ¿Qué

.... tomó... ?

MUCHACHO —No,... .... en el ....

Las ocho de la noche:

El agente Cabañas detiene a una señora que maneja con los faros del carro apagados.

AGENTE CABAÑAS —La .... porque los .... de su carro no

están ....

SEÑORA —Sí,... .... que están ....

AGENTE CABAÑAS —Bueno, no puede manejar este carro a menos que ....

.... los .... del carro.

SEÑORA —Sí, mañana ....

AGENTE CABAÑAS —Cuando el carro .... llévelo a esta

dirección. Ahí le van a firmar ....

.... de esta .... , para

.... que usted .... arreglar el

....

LET'S PRACTICE!

A. You are needed as an interpreter. Translate the following sentences into Spanish:

1. Please call me as soon as you see your ....

son. ....

Well, . . . when he gets home I'll tell him ....

you want to talk to him . . . .

2. He didn't answer my questions until his ....

lawyer came. ....

Can't you ask him any questions without ....

his lawyer being there? ....

No, unless *he* says I can do it. ....

3. When your brother returns, tell him I ....

want him to come to the station. ....

I don't know . . .   When my brother ....

comes home, he always sleeps about two ....

hours. . . . .

B. **Complete each sentence using the present perfect subjunctive.**

Modelo: **Le leyeron** sus derechos.

Espero que ....

*Espero que **le hayan leído** sus derechos.*

1. Lo usaron en contra suya.

Temo que ....

2. Murieron todos.

No creo que ....

3. La corte les nombró un abogado.

Ojalá que ....

4. Le hicieron unas preguntas.

Es posible que ....

5. Se suicidó.

Temo que ....

6. Lo encontraron.

Espero que ....

7. Los faros no estaban prendidos.

Temo que ....

8. Hiciste arreglar el carro.

   Espero que ....

QUESTION-ANSWER EXERCISES

A. Answer the following questions in complete sentences.

1. ¿Qué hace el agente Cabañas después de arrestar a un criminal?

   ....

2. ¿Qué pasa si el criminal no quiere decir nada?

   ....

3. ¿Puede un criminal tener a su abogado presente mientras un agente lo interroga?

   ....

4. ¿Qué pasa si el criminal no tiene dinero para pagar a un abogado?

   ....

   ....

5. ¿Habla el agente Cabañas con Felipe Núñez? ¿Por qué?

   ....

6. ¿Qué le da el agente Cabañas a la señora Núñez? ¿Para qué?

   ....

7. ¿Para qué quiere hablar el agente Cabañas con Felipe Núñez?

   ....

8. ¿Cuándo le va a decir la mamá de Felipe que el agente quiere hablar con él?

   ....

9. ¿Dónde está el muchacho que trató de suicidarse?

   ....

10. ¿Cómo encontró el vecino al muchacho?

   ....

11. ¿Qué olor había?

   ....

12. ¿Esperó mucho tiempo el vecino para llamar a la policía?

　　　...

13. ¿Llamó solamente a la policía?

　　　...

14. ¿Tómo veneno el muchacho?

　　　...

15. ¿Dónde están los calmantes?

　　　...

16. ¿Por qué detiene el agente Cabañas a una señora?

　　　...

17. ¿Por qué no puede la señora manejar el carro?

　　　...

18. ¿Qué tiene que hacer la señora?

　　　...

19. ¿Qué va a pasar cuando los faros del carro estén listos?

　　　...

　　　...

B.　And now, answer these personal questions.

1. ¿Qué va a hacer usted mañana en cuanto llegue a su casa?

　　　...

2. ¿A quién quiere usted hacerle unas preguntas?

　　　...

3. ¿Qué le dirá usted a su profesor(a) cuando lo (la) vea?

　　　...

4. ¿Necesitas hacer arreglar tu coche?

　　　...

5. ¿Están prendidos o apagados los faros de su carro?

　　　...

DIALOGUE COMPLETION

Use your imagination and the vocabulary you have learned in this lesson to complete the missing parts of these dialogues.

El agente Ross y el señor Soto:

AGENTE ROSS — ....

SR. SOTO —Lo siento, pero en este momento no está.

AGENTE ROSS — ....

SR. SOTO —No sé a qué hora va a regresar…

AGENTE ROSS — ....

SR. SOTO —Sí, señor.   Se lo diré en cuanto lo vea.

La agente León y la señora Torres:

AGENTE LEÓN —¿Qué pasa, señora?

SRA. TORRES — ....

AGENTE LEÓN —¿Dónde está su hijo ahora?

SRA. TORRES — ....

AGENTE LEÓN —¿Llamó usted a los paramédicos?

SRA. TORRES — ....

AGENTE LEÓN —Voy a llamarlos yo.   ¿Qué tomó su hijo, señora?

SRA. TORRES — ....

El agente Ríos y el señor Alba:

AGENTE RÍOS — ....

SR. ALBA —Creo que están descompuestos…

AGENTE RÍOS — ....

SR. ALBA —No tengo dinero para eso…

AGENTE RÍOS — ....

SR. ALBA —Bueno… mañana…

AGENTE RÍOS — ....

SR. ALBA   —¿Para qué tengo que llevar el carro ahí… ?

AGENTE RÍOS — ....

....

SITUATIONAL EXERCISES

What would you say in the following situations?

1. You have just arrested someone. Explain to him that, if he can't afford a lawyer, the court will appoint one to represent him, free of charge.
2. You want to leave this message: "When your husband returns, have him call me at this number without fail. It is very urgent, because I want to ask him a few questions."
3. Tell a motorist that he has to have his car fixed. Tell him also that, after the car is ready, he has to take it to a certain address (you will provide the address), where someone will sign the back of a form, to confirm that he has had the damage fixed.

YOU'RE ON YOUR OWN!

Act out the following situations with a partner:

1. An officer explains to someone that he or she needs to contact a certain party and leaves a message to be given to that party as soon as he or she gets home.
2. An officer talks to a someone whose friend has just tried to commit suicide. The officer tries to offer help and to get all of the facts.
3. An officer talks to a motorist whose car lights are not on and advises him or her on what to do.

VOCABULARY EXPANSION

FOR RESPONDING TO A CALL

arrancar   to start (a car)
asesino(a)   murderer, assassin
la **camilla**   stretcher
el, la **conductor(a)**   driver
el **cumpleaños**   birthday
dar una puñalada   to stab
la **fiesta**   party
hacia adelante   forward
hacia atrás   backwards
nacer   to be born

notar   to notice
la **pelea,** la **riña**   fight
los **primeros auxilios**   first aid
la **queja**   complaint
respirar   to breathe
el **ruido**   noise
la **silla de ruedas**   wheelchair
sufrir del corazón   to have heart trouble
tocar la bocina   to honk the horn
el **vehículo**   vehicle

Translate the following sentences into Spanish.

1. When were you born?

    ....

2. When is your birthday?

    ....

3. Don't go backwards. Go forward.

    ....

4. There has been a complaint.

    ....

5. He was honking the horn.

....

6. My father has heart trouble.

....

7. He is a murderer!

....

8. Is there a party here?   There is a lot of noise.

....

9. There is a fight at the corner.

....

10. Is this your vehicle?

....

11. The car won't (doesn't) start.

....

12. He stabbed me.

....

13. Who is the driver?

....

14. Do you know anything about first aid?

....

15. He's not breathing (he doesn't breathe).

....

16. Did you notice anything?

....

17. We're going to put him on the stretcher.

....

18. Does he have a wheelchair?

....

Lesson 20

Adán 13 (Continuación)

Un día de trabajo para el agente Sosa de la Comisaría Tercera de la ciudad de Albuquerque, Nuevo México.

Diez y media de la mañana:

El agente Sosa investiga un robo en un mercado. Ahora está hablando con el dependiente.

AGENTE SOSA	—Cuénteme exactamente lo que pasó.
DEPENDIENTE	—A eso de las nueve y media vino un hombre y dijo que quería una botella de vino…
AGENTE SOSA	—¿Eso fue todo lo que le dijo?
DEPENDIENTE	—Sí, y después me apuntó con una pistola y me obligó a que le diera todo el dinero que había en la caja.
AGENTE SOSA	—¿Podría usted reconocerlo si lo viera otra vez?
DEPENDIENTE	—No sé… tenía barba y bigote… Si se afeitara no sé si lo reconocería…
AGENTE SOSA	—¿Cuánto medía, más o menos? ¿Era como de mi estatura?
DEPENDIENTE	—No, mucho más alto y más grande. Medía como seis pies y dos pulgadas y pesaba unas doscientas cincuenta libras.
AGENTE SOSA	—¿Qué clase de ropa tenía puesta?
DEPENDIENTE	—A ver si recuerdo… Pantalón verde oscuro, camisa anaranjada y una chaqueta de corduroy café…
AGENTE SOSA	—Usted le dio todo el dinero. ¿Qué pasó después?
DEPENDIENTE	—Traté de seguirlo, pero el hombre me apuntó con la pistola y me dijo que me quedara donde estaba.
AGENTE SOSA	—¿Puede describir la pistola?
DEPENDIENTE	—Una pistola de acero azul semiautomática.

Once y media:

El agente Sosa sospecha que hay drogas en el maletero de un carro. Ahora está hablando con el dueño.

AGENTE SOSA	—No tengo permiso del juez para registrar su carro, pero me gustaría ver lo que usted tiene en el maletero. ¿Quiere darme la llave?
HOMBRE	—Hay un gato y una llanta en el maletero…
AGENTE SOSA	—¿Me da usted permiso para registrarlo? Yo no lo estoy amenazando ni le estoy prometiendo nada. Si usted me da permiso, tiene que ser voluntariamente.
HOMBRE	—Consiga un permiso del juez si quiere registrar mi carro…

Las dos y media de la tarde:

El agente Sosa arresta a un hombre que atacó a una mujer y trató de robarle la cartera.

AGENTE SOSA	—Ponga las manos sobre la cabeza y entrelace los dedos. Dése vuelta.
HOMBRE	—¡Marrano!
AGENTE SOSA	—¡Cállese! Camine hacia el carro policial. Súbase. ¡Cuidado con la cabeza… !

Las cuatro y media de la tarde:

El agente Sosa ve un grupo de gente que está gritando obscenidades y amenazas frente a un consulado y les ordena dispersarse.

AGENTE SOSA —Soy el agente Sosa, de la Policía de la Ciudad de Albuquerque, y agente de paz del Estado de Nuevo México. Esta congregación queda declarada ilegal, y, por lo tanto, les ordeno que se dispersen inmediatamente.

✳ ✳ ✳

Adam 13 (Cont.)

A day of work for Officer Sosa of the Third Precinct of the City of Albuquerque, New Mexico.

10:30 A.M.:

Officer Sosa investigates a robbery at a market. At the moment he is talking to the clerk.

OFFICER SOSA:	Tell me exactly what happened.
CLERK:	At about 9:30 a man came and said he wanted a bottle of wine. . . .
OFFICER SOSA:	That was all he said to you?
CLERK:	Yes, and then he pointed at me with a pistol and made me give him all the money (that there was) in the cash register.
OFFICER SOSA:	Would you be able to recognize him if you saw him again?
CLERK:	I don't know . . . he had a beard and a moustache. . . . If he were to shave I don't know if I would recognize him. . . .
OFFICER SOSA:	How tall was he, more or less? Was he about my height?
CLERK:	No, much taller and larger. He was about 6 feet and 2 inches (tall) and weighed about 250 pounds.
OFFICER SOSA:	What kind of clothes did he have on?
CLERK:	Let's see if I remember. . . . Dark green pants, orange shirt, and a brown corduroy jacket. . . .
OFFICER SOSA:	You gave him all the money. What happened then?
CLERK:	I tried to follow him, but the man pointed at me with the pistol and told me to stay where I was.
OFFICER SOSA:	Can you describe the pistol?
CLERK:	A blue steel semiautomatic.

11:30 A.M.:

Officer Sosa suspects that there are drugs in the trunk of a car. At the moment he's talking with the owner.

OFFICER SOSA:	I don't have a warrant from the judge to search your car, but I would like to see what you have in the trunk. Will you give me (do you want to give me) the key?
MAN:	There's a jack and a tire in the trunk. . . .
OFFICER SOSA:	Do you give me permission to search it? I'm not threatening you, nor am I promising you anything. If you give me permission, it has to be voluntarily.
MAN:	Get a warrant from the judge if you want to search my car. . . .

2:30 P.M.:

Officer Sosa arrests a man who attacked a woman and tried to steal her purse.

OFFICER SOSA:	Put your hands on top of your head and interlace your fingers. Turn around.
MAN:	Pig!
OFFICER SOSA:	Be quiet! Walk toward the police car. Get in. Watch out for your head . . . !

4:30 P.M.:

Office Sosa sees a group of people who are shouting obscenities and threats in front of a consulate, and he orders them to disperse.

OFFICER SOSA: I'm Officer Sosa, of the Albuquerque Police Department, and a peace officer of the State of New Mexico.   This assembly is hereby declared illegal, and therefore I order you to disperse immediately.

VOCABULARY

COGNATES

el **consulado**   consulate

el **corduroy,** la **pana**   corduroy

exactamente   exactly

el **grupo**   group

ilegal   illegal

inmediatamente   immediately

las **obscenidades**   obscenities

la **pistola**   pistol

semiautomática   semiautomatic

voluntariamente   voluntarily

NOUNS

el **acero**   steel
la **caja**   cash register
la **cartera,** la **bolsa**   purse
la **clase**   kind, type
la **congregación**   assembly
el **dedo**   finger
el, la **dependiente**   clerk
la **estatura**   height
el **gato**   jack
la **gente**   people
el **juez**   judge
la **llanta**   tire
el **maletero,** la **cajuela** (*Mex.*)   trunk
el **mercado**   market
el **permiso**   warrant, permission
el **estado**   state
el **vino**   wine

VERBS

amenazar   to threaten
apuntar   to point
atacar   to attack

dispersarse   to disperse
entrelazar   to interlace
obligar   to make (i.e., someone do something)
ordenar   to order
pesar   to weigh
prometer   to promise

ADJECTIVE

anaranjado(a)   orange

OTHER WORDS AND EXPRESSIONS

el, la **agente de paz**   police officer
a eso de...   at about
¡cállese!   be quiet! shut up!
como de...   about
dése vuelta, voltéese   turn around
por lo tanto   therefore, so
queda declarada ilegal   is hereby declared illegal
sobre   on top of

DIALOGUE RECALL PRACTICE

Study the dialogues you have just read; then complete the sentences below.   If you cannot recall certain words, reread the dialogues, focusing on the words you missed and learning them within the context of the sentence in which they appear.

Diez y media de la mañana:

El agente Sosa investiga un robo en un mercado.   Ahora está hablando con el dependiente.

AGENTE SOSA   —Cuénteme .... lo que ....

207

DEPENDIENTE —.................................. .... las nueve y

media .... un hombre y ....

.... quería una botella ....

....

AGENTE SOSA —¿Eso .... todo lo que ....

.... ?

DEPENDIENTE —Sí, y .... con

una pistola y .... a que

.... todo el dinero que

.... en la ....

AGENTE SOSA —¿............................ usted .... si lo ....

otra vez?

DEPENDIENTE —No sé... tenía .... y .... Si se

.... no sé si lo ....

AGENTE SOSA —¿Cuánto .... , más o menos? ¿Era ....

.... mi .... ?

DEPENDIENTE —No, ... alto y más

.... Medía .... seis

.... y dos .... y ....

unas doscientas cincuenta libras.

AGENTE SOSA —¿Qué .... ropa llevaba puesta?

DEPENDIENTE —A ver .... Pantalón

.... , camisa .... y

una .... de .... café...

AGENTE SOSA —Usted le .... todo el dinero. ¿Qué pasó

.... ?

DEPENDIENTE —Traté de .... pero el hombre ....

.... con la pistola y me dijo que ....

.... donde ....

AGENTE SOSA —¿Puede .... la .... ?

DEPENDIENTE —Una pistola de .... azul ....

Once y media:

El agente Sosa sospecha que hay drogas en el maletero de un carro. Ahora está hablando con el dueño.

AGENTE SOSA —No tengo .... del .... para

.... su carro, pero ....

.... ver lo que usted tiene en el ....

¿Quiere .... la .... ?

HOMBRE —Hay un .... y una .... en el maletero...

AGENTE SOSA —¿Me .... usted .... para

.... ? Yo no lo ....

.... ni le estoy .... nada. Si usted me

.... tiene que ser

....

HOMBRE —Consiga un .... del .... si quiere registrar

mi carro...

Las dos y media de la tarde:

El agente Sosa arresta a un hombre que atacó a una mujer y trató de robarle la cartera.

AGENTE SOSA —Ponga ....

la cabeza y .... los .... Dése

....

HOMBRE —¡........................... !

AGENTE SOSA —¡........................... ! Camine hacia el ....

.... Súbase. ¡........................... con la cabeza... !

Las cuatro y media de la tarde:

El agente Sosa ve un grupo de gente que está gritando obscenidades y amenazas frente a un consulado y les ordena dispersarse.

AGENTE SOSA —........................... .... agente Sosa, de la

.... de la .... de Albuquerque, y

.... del

.... de Nuevo México. Esta ....

.... ilegal, y, ...

.... , les .... que se

....

LET'S PRACTICE!

A. **Change the verbs in the following sentences into the appropriate past tense.**

Modelo: **Es** importante que usted **hable** con él.
        *Era importante que usted **hablara** con él.*

1. Es importante que el agente tenga permiso del juez.

   Era importante ....

2. Quiero que usted abra el maletero.

   Quería ....

3. Les digo que me den la llave.

   Les dije ....

4. El hombre no cree que el gato esté en el maletero.

   El hombre no creía ....

5. Les ordeno que se dispersen.

   Les ordené ....

6. Ella duda que él ataque a las mujeres.

   Ella dudaba ....

7. El agente nos dice que pongamos las manos en la cabeza.

   El agente nos dijo ....

8. ¡Te he dicho que no me llames marrano!

   ¡Te dije ....

9. Es posible que tenga una semiautomática.

   Era posible ....

10. El agente prefiere que el dependiente le diga la verdad.

    El agente prefería ....

11. El hombre nos obliga a que le demos el dinero.

El hombre nos obligó ....

12. Me alegro de que puedan venir.

Me alegré ....

B. **Answer the following questions, using *si* + the appropriate verb forms.**

Modelo: —¿Por qué no compras ese carro? (tener dinero)
　　　　—*Si **tuviera** dinero, lo **compraría**.*

1. ¿Por qué no me cuentas lo que pasó? (saberlo)

....

2. ¿Por qué no le dices qué ropa tenía puesta? (recordarlo)

....

3. ¿Por qué no los sigues? (poder)

....

4. ¿Por qué no registra el maletero? (tener permiso del juez)

....

5. ¿Por qué no les ordenas que se dispersen? (hacer algo ilegal)

....

C. **Change the following commands into statements using *si* + the expressions in parentheses.**

Modelo: —Venga a verme. (tener tiempo, señor)
　　　　—*Si tengo tiempo vendré a verlo, señor.*

1. Arreste a este hombre. (hacer algo ilegal, señora)

....

2. Registre el coche. (Ud. darme la llave, señorita)

....

3. Dígale que venga. (verla, señor)

....

4. Quédese aquí. (apuntarme con una pistola, señorita)

....

5. Traiga a los niños. (tengo el carro, señora)

....

QUESTION-ANSWER EXERCISES

A. **Answer the following questions in complete sentences.**

1. ¿Qué pasó a eso de las nueve y media en el mercado?

    ....

2. ¿Qué hizo el hombre después de apuntarle al dependiente con una pistola?

    ....

3. ¿Cómo era el hombre que entró en el mercado para robar?

    ....

4. ¿Qué clase de ropa tenía puesta?

    ....

5. ¿Qué hizo el hombre cuando el dependiente trató de seguirlo?

    ....

6. ¿Qué le dijo que hiciera?

    ....

7. ¿Qué clase de pistola tenía el hombre?

    ....

8. El agente Sosa sospecha que hay drogas en el maletero de un carro. ¿Por qué no le ordena al dueño que lo abra?

    ....

9. ¿Le da el hombre permiso al agente Sosa para que abra el maletero y lo registre?

    ....

10. El agente Sosa arresta a un hombre. ¿Por qué?

    ....

11. ¿Qué le ordena el agente Sosa al hombre?

    ....

12. ¿Qué está haciendo la gente que está frente a un consulado?

    ....

13. ¿Qué les ordena el agente Sosa?

    ....

B.   And now, answer these personal questions.

1. Si yo le apuntara con una pistola y le pidiera su dinero, ¿me lo daría?

....

2. José X tiene barba y bigote.   Si se afeitara, ¿lo reconocería usted?

....

3. José X mide cinco pies, nueve pulgadas.   ¿Es como de su estatura?

....

4. ¿Qué ropa tenía usted puesta ayer por la tarde?

....

5. ¿Tiene usted un gato y una llanta en el maletero de su carro?

....

6. ¿Le prometió usted algo a su profesor(a) de español?

....

7. Yo no tengo permiso del juez para registrar su casa.   ¿Me da usted permiso voluntariamente?

....

DIALOGUE COMPLETION

Use your imagination and the vocabulary learned in this lesson to complete the missing parts of the following dialogue.

El agente Ríos investiga un robo:

AGENTE RÍOS — ....

DEPENDIENTE —Bueno… no recuerdo mucho… un hombre entró y me apuntó con una pistola…

AGENTE RÍOS — ....

DEPENDIENTE —Me dijo que le diera todo el dinero de la caja…

AGENTE RÍOS — ....

DEPENDIENTE —No sé cuánto medía…

AGENTE RÍOS — ....

DEPENDIENTE —No, no era tan alto como usted… y era muy delgado…

AGENTE RÍOS — ....

DEPENDIENTE —Yo creo que pesaba unas ciento treinta libras...

AGENTE RÍOS — ....

DEPENDIENTE —Tenía pantalón blanco y camisa azul... y sombrero...

AGENTE RÍOS — ....

DEPENDIENTE —No,... yo no entiendo nada de armas...

AGENTE RÍOS — ....

DEPENDIENTE —Sí, vi el carro que manejaba... era un Ford azul...

AGENTE RÍOS — ....

DEPENDIENTE —No, no sé el número de la chapa, pero era de otro estado...

SITUATIONAL EXERCISES

What would you say in the following situations?

1. You are investigating an armed robbery of a food store. Ask the employee to tell you exactly what happened and to describe the robber and his weapon. Then ask her if she would recognize the robber if she saw him again.
2. You want to search somebody's car, but you don't have a warrant. Ask the owner's permission to search it. Make sure he knows that you are not threatening him nor making him any promises.
3. You are arresting a suspect. Tell him what to do.
4. You are trying to disperse an unruly crowd. Tell them who you are and order them to disperse immediately.

YOU'RE ON YOUR OWN!

Act out the following situations with a partner:

1. An officer talking to a man or woman who witnessed a robbery.
2. An officer who does not have a search warrant trying to convince a suspect who possibly has drugs in the trunk of his or her car to allow a search of said car.
3. An officer arresting an insulting suspect.

VOCABULARY EXPANSION

USEFUL COMMANDS

¡Acuéstese en el suelo, boca abajo! Lie down on the floor (ground), face down!
¡Agáchese! Bend down!
¡Aléjese de la ventana! Get away from the window!
¡Bájese de allí! Get down from there!
¡Con las manos, sepárese las nalgas (asentaderas)! With your hands, spread your buttocks!

¡Cuidado! Look out!
¡Déjeme verle la planta de los pies! Let me see the soles of your feet!
¡Despacio! Slowly!
¡Firme aquí por sus pertenencias! Sign here for your belongings!
¡Levante los brazos! Lift your arms!
¡Llame al perro! Call off the dog!
¡Muéstreme dónde está! Show me where it is!

214

¡No dispare!   ¡No tire!   Don't shoot!
¡No haga ningún movimiento repentino!
   Don't make any sudden move!
¡No salte!   Don't jump!
¡No se mueva!   Don't move!
¡Ponga las manos detrás de la espalda!   Put
   your hands behind your back!
¡Póngase de rodillas!   Get on your knees!
¡Salga con las manos en la cabeza!   Come out
   with your hands on top of your head!

¡Saque la licencia de la billetera (cartera)!
   Take your license out of your wallet!
¡Saque las manos de los bolsillos!   Take your
   hands out of your pockets!
¡Separe los pies!   Spread your feet!
¡Siga caminando!   Keep walking!
¡Suelte el arma!   Drop the gun (weapon)!
¡Suéltelo(la)!   Let go of him (her)!

Give the appropriate command for each one of the following situations.

1. You are going to handcuff a prisoner.   You say:

   ....

2. You see that something is going to fall on someone who is not aware of it.   You shout:

   ....

3. Someone is near a window, and this might prove dangerous.   You say:

   ....

4. Someone is going to jump off a roof.   You say:

   ....

5. You want a suspect to drop his gun.   You say:

   ....

6. You want a suspect to walk to the police car, but he stops.   You say:

   ....

7. You want to prevent someone from shooting.   You shout:

   ....

8. You want a motorist to take his driver's license out of his wallet.   You say:

   ....

9. A suspect has his hands in his pockets.   You say:

   ....

10. You want someone to freeze.   You shout:

   ....

11. You want to instruct someone to do something slowly. You say:

     ....

12. Someone's dog is running toward you with every intention of biting you. You say to his master:

     ....

13. You want to ask someone to let you see the soles of his feet. You say:

     ....

14. You need someone's signature after a list of his belongings. You say:

     ....

15. You want a suspect to lift his arms. You say:

     ....

16. You want someone to show you where something (or somebody) is. You say:

     ....

17. You want a suspect to spread his buttocks with his hands. You say:

     ....

18. Someone is holding a screaming girl, and you want him to let go of her. You say:

     ....

19. To instruct someone to bend over, you say:

     ....

20. To instruct someone to lie on the floor, face down, you say:

     ....

21. You are pointing a gun at a suspect. You don't want him to make any sudden move. You say:

     ....

22. You want a suspect to get on his knees. You say:

     ....

23. To instruct someone to spread his feet, you say:

     ....

24. Someone has climbed on a roof, and you want him down.   You say:

   ....

25. There is a suspect inside a house, but he is ready to give himself up.   You tell him what to do:

   ....

LESSONS 16–20

VOCABULARY REVIEW

A. Circle the word or phrase that does not belong in each group.

1. anillo, arete, baño
2. mejilla, cruz, pelo
3. cicatriz, falda, blusa
4. no cuesta nada, será usado, es gratis
5. golpear, empujar, decir
6. examinar, romper, destruir
7. hacer, usar, realizar
8. anaranjado, rojo, azul
9. se fue, se escapó, pesó
10. por lo menos, por completo, completamente
11. ministro, cura, maestro
12. matar, jugar, robar
13. tartamudea, tiene un ojo de vidrio, es tuerto
14. acné, granos, peluca
15. crespo, robusto, lacio
16. tiene ojos saltones, es bizca, está embarazada
17. deformado, desfigurado, velludo
18. artificial, negro, oscuro
19. careta, pecas, máscara
20. corto, muscular, largo
21. tartamudea, tiene la nariz chata, habla con zeta.
22. riña, pelea, camilla
23. oriental, hacia adelante, hacia atrás
24. respira, arranca, toca la bocina
25. No dispare, No salte, No tire
26. Ponga las manos detrás de la espalda, Lávese las manos, Salga con las manos en la cabeza.
27. No se mueva, No haga ningún movimiento repentino, Siga caminando.
28. Acuéstese en el suelo, boca abajo., Llame al perro, Póngase de rodillas.
29. Con las manos, sepárese las nalgas, Déjeme verle la planta de los pies, Aléjese de la ventana.
30. Párese, Agáchese, Póngase de pie.

B. Circle the appropriate expression in order to complete each sentence. Then read the sentence aloud.

1. Tiene diecisiete años; es un (adolescente, fiscal, suéter).
2. Le (sacó, comió, avisó) una fotografía.
3. Le (dieron, desaparecieron, tomaron) las huellas digitales.
4. Lo arrestaron por manejar estando (borracho, enfermo, sucio).

5. Si no quiere quedarse en la cárcel, tiene que conseguir el dinero para la (fianza, patrona, cadena).

6. Ponga sus (cosas, vellos, detalles) en el mostrador.

7. El agente le dijo al hombre que (vaciara, arrancara, soltara) a la muchacha.

8. Tiene que (hacer arreglar, hacer frío, hacer una pregunta) su coche.

9. Estaba en la cocina, con la cabeza metida en el (horno, cumpleaños, faro).

10. Van a firmarle al dorso de esta (mejilla, responsabilidad, papeleta).

11. Si Ud. no tiene un abogado que lo (represente, note, golpee), la corte le nombrará uno.

12. ¡Cuidado! Hay (olor, fiestas, agentes) a gas.

13. El agente les ordenó que se (dispersaran, pelearan, bañaran).

14. Ponga las manos en la cabeza y (entrelace, apunte, bájese) los dedos.

15. Me (obligó, mintió, prometió) a que le diera todo el dinero que había en la caja.

16. ¿Quiere una botella de (vino, gente, quejas)?

17. ¿Qué (permiso, conductor, clase) de carro manejaba?

18. Tiene una pistola (de acero, de corduroy, estampada) semiautomática.

19. Trabaja de (botella, asesino, dependiente) en un mercado.

20. Tiene una cadena de (oro, ruido, llanta).

21. ¿Tenía algún (acento, diente, bigote) específico?

22. ¿Qué dirección (tomó, llevó, preguntó) el hombre?

23. No tenía pelo; era (calvo, castaño, gordo).

24. No puede (acostarse, dar una puñalada, cambiarse) de ropa todavía.

25. ¿El hombre (llegó, tomó, llevó) a violarla?

26. ¿De qué raza era? ¿Blanca o (negra, azul, verde)?

27. La niña lloraba (solamente, despacio, histéricamente), de modo que traté de calmarla.

28. No la (olvidó, obligó, volvió) a realizar ningún acto sexual anormal durante la violación.

29. Llamé a la policía (en cuanto, después, antes) se fue el hombre.

30. No dormí en toda la noche. ¡Tenía tanto (miedo, baño, vehículo)!

31. Tocaron a la puerta y fui a (abrir, cerrar, comenzar). Era un agente de paz.

32. ¿Llegó a violarte? Es decir… (hubo, supo, vino) penetración?

33. El hombre era (más bien, de bien, muy bien) alto.

34. ¿Quién viene mañana… ? (¡Ya lo sé!, ¡Más bien!, ¡Para qué!) María y Pablo…

35. Ponga las manos (sobre, con, dentro de) la cabeza.

36. Abra las piernas y ponga las manos en la (pared, ocasión, aseguranza).

37. ¡Manos arriba! Dése (dedos, preso, difícil) por poseer drogas.

38. Tiene derecho a hacer una llamada (amarilla, telefónica, verde).

39. Es pariente mío; es mi (primo, apodo, alojamiento).

40. Tiene quince años. Es (mayor, menor, azul) de edad.

41. El lugar donde ponen los cadáveres es (la morgue, la estación de ómnibus, el mercado).

42. No lo conozco bien. Es solamente un (conocido, amigo, pelo).

43. Le preguntó al sacerdote si podía refugiarse en (la iglesia, la verruga, la silla de ruedas).

44. Hubo un accidente. Los policías tuvieron que (darles los primeros auxilios, sufrir del corazón, nacer).

45. Levante los brazos y (separe, lávese, córtese) los pies.

C. Match the questions in column A with the answers in column B.

A

1. ¿Qué estaban haciendo? ____
2. ¿Qué vio frente al consulado? ____
3. ¿Es como de mi estatura? ____
4. ¿Cómo lo amenazó? ____
5. ¿Dónde tenía el dinero? ____
6. ¿Era una congregación ilegal? ____
7. ¿Qué dijo el juez? ____
8. ¿Ella no quería ir? ____
9. ¿Qué tenía puesto? ____
10. ¿Podrán encontrarlo? ____
11. ¿Cuándo vienen? ____
12. ¿Vas solo? ____
13. ¿Por qué está preso? ____
14. ¿Cómo es ella? ____
15. ¿Ud. no vio lo que pasaba? ____
16. ¿Dónde está la casa? ____
17. ¿No fuiste a verla? ____
18. ¿Ella quiere verme? ____
19. ¿Cuánto cuestan? ____
20. ¿Qué quieres comer? ____
21. ¿Cuándo vuelven? ____
22. ¿Está listo? ____
23. ¿A qué hora volvió? ____
24. ¿Por qué no podemos quedarnos aquí? ____
25. ¿Quiere que me dé vuelta? ____

B

a. En la cartera.
b. Pantalón negro y camisa verde.
c. Pronto…
d. Que el criminal debía ir a la cárcel.
e. No, no me di cuenta.
f. Es una muchacha de pelo negro.
g. Sí, fui dos veces.
h. Robó un carro.
i. Dos dólares cada uno.
j. Cerca de aquí.
k. Un grupo de gente.
l. Cualquier cosa…
m. Sí, dice que es urgente.
n. Dijo que me iba a golpear…
o. No, vamos los dos.
p. Haremos todo lo posible.
q. Sí, y les ordenó que se dispersaran.
r. Gritando obscenidades.
s. No, la llevó contra su voluntad.
t. No, más alto.
u. Sí. ¿Vamos?
v. Mañana, sin falta.
w. Porque esta congregación queda declarada ilegal.
x. Sí, voltéese.
y. A eso de las doce.

D. Write these words in Spanish. What expression is formed vertically?

1. present
2. to threaten
3. to work
4. to notify
5. damage
6. difficult
7. there
8. occasion
9. it depends
10. court
11. mouth
12. shut up
13. fingers
14. record
15. to forget
16. voluntarily
17. on top of

E. Crucigrama

HORIZONTAL

5. *scar,* en español
6. personas
7. de hace poco tiempo
10. parte de la cara
11. vestidos, pantalones, camisas, etc.
13. *dirty,* en español
15. oír: yo _____
16. *calm down,* en español
18. *mole,* en español
20. foto
21. No vive en una casa. Vive en un _____ .

25. *counter,* en español
27. no irse
28. *handcuffs,* en español
30. Quítese los zapatos y los _____ .
34. opuesto de «perdí»
36. *he hit,* en español
38. lo que tomamos para calmarnos
39. no recordar
40. Pongo las maletas en el _____ del carro.
41. Dio una orden.
42. lo que uno debe hacer si lo atacan

VERTICAL

1. tipo de zapatos
2. Pongo el dinero en la _____ .
3. Nosotros _____ a la misma escuela.
4. opuesto de *legal*
5. *chain,* en español
8. lentes
9. *we have breakfast,* en español
12. lo que se hace con una pistola
14. dio el nombre
17. *while,* en español
19. *same,* en español
22. *county,* en español
23. en seguida

24. Está en libertad bajo _____ .
26. pelean
29. paso por _____
30. *knife,* en español
31. Hubo un accidente. Llame a los _____ .
32. *she cried,* en español
33. Tomó _____ y murió.
35. California es uno.
36. *jack,* en español
37. Tiene _____ , pero no tiene barba.
38. *collision,* en español

223

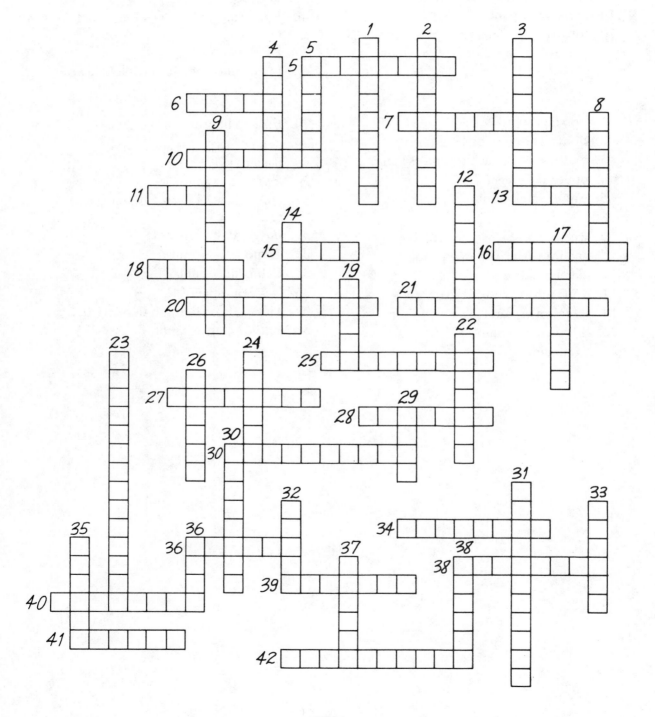

Vocabulary

Spanish-English

A

a to, at
a menudo often
a veces sometimes
a ver let's see
abierto(-a) open, unlocked
abogado(-a) (*m., f.*) lawyer
abrigo (*m.*) coat
abuela grandmother
abuelo grandfather
accidente (*m.*) accident
  —de tráfico (*m.*) traffic accident
aceite (*m.*) oil
acelerador (*m.*) accelerator
acento (*m.*) accent
acera (*f.*) sidewalk
acerca (de) about
acero (*m.*) steel
acné (*m.*) acne
acompañar to accompany, to go (come) with
aconsejar to advise
acordarse (o>ue) (de) to remember
acto (*m.*) act
acusación (*f.*) accusation
acusar to accuse
además besides, moreover
adentro inside, within
adolescente (*m., f.*) teenager, adolescent
adoptado(-a) adopted
aeropuerto (*m.*) airport
afuera outside
agacharse to bend over, to bend down
agarrar to get hold of, to grab
agente (*m., f.*) officer, agent
aguardiente (*m.*) whiskey

aguja (*f.*) needle
ahí there
ahora now
  —mismo right now
alarma (*f.*) alarm
  —antirrobo burglar alarm
alberca (*f.*) *Mex.* swimming pool
alcohol (*m.*) alcohol
alcohólico(-a) alcoholic
alérgico(-a) allergic
alfabeto (*m.*) alphabet
alfombra (*f.*) rug, carpet
algo something, anything
alguien someone, anyone
alhaja (*f.*) jewel
aliento (*m.*) breath
almohada (*f.*) pillow
alojamiento (*m.*) lodging
alquilar to rent
alto(-a) (*adj.*) tall, high
¡alto! halt!, stop!
allí there
amanecer (*m.*) dawn; (*v.*) to dawn
amarillo(-a) yellow
amenaza (*f.*) threat
amenazar to threaten
ametralladora (*f.*) machine gun
amigo(-a) friend
análisis (*m.*) test
anaranjado(-a) orange (color)
angosto(-a) narrow
anillo (*m.*) ring
animal (*m.*) animal
anoche last night
anochecer (*m.*) dusk; (*v.*) to become dark
anormal abnormal

anotar to write down
ante (*prep.*) before
anteanoche the night before last
antecedente (*m.*) record
  —criminal criminal record
anteojos (*m.*) glasses (eye)
antes (de) before, first
anular (*m.*) ring finger
año (*m.*) year
apagar to turn off; to put out (a fire)
aparcado(-a) parked
apartamento (*m.*) apartment
apellido (*m.*) surname
  —de soltera maiden name
apendicitis (*f.*) appendicitis
apodo (*m.*) nickname
aproximado(-a) approximate
apuntar to point
apurado(-a) in a hurry
aquí here
arete (*m.*) earring
arma (*f.*) weapon
armario (*m.*) cupboard
  —de libros bookcase
arrancar to start (a car)
arranque (*m.*) starter
arreglar to fix, to repair, to arrange
arrestar to arrest
arrimar to pull over, to place near by
arrimarse to get close
artificial artificial
artritis (*f.*) arthritis
asalto (*m.*) assault, mugging
asegurado(-a) insured
asegurar to insure

asesinato (*m.*) murder
asesino(-a) (*m., f.*) murderer, assassin
así like this, thus
asiento (*m.*) seat
asistir to attend
atacar to attack
ataque (*m.*) attack
  —al corazón heart attack
atención (*f.*) attention
  prestar— to pay attention
atrasado(-a) behind (schedule)
atropellar to run over
automóvil (*m.*) automobile
autobús (*m.*) bus
autopista (*f.*) freeway
auxilio (*m.*) help
avenida (*f.*) avenue
averiguar to find out
avisar to notify, to let (someone) know
ayer yesterday
ayuda (*f.*) help
ayudar to help
azul blue

B

bajarse to go (come) down, to get out of (a car)
bajo(-a) (*adj.*) short (height), low
bajo (*prep.*) under
balcón (*m.*) balcony
banco (*m.*) bank
banqueta (*f.*) *Mex.* sidewalk
bañadera (*f.*) bathtub
baño (*m.*) bath, bathroom
bar (*m.*) bar
barba (*f.*) beard
barbilla (*f.*) chin
basura (*f.*) garbage, trash
  no tire— do not litter
batería (*f.*) battery
bebida (*f.*) drink
bicicleta (*f.*) bicycle
bien well, fine, okay
bigote (*m.*) moustache
billete (*m.*) ticket, bill
billetera (*f.*) wallet
bizco(-a) cross-eyed
blanco(-a) white
blusa (*f.*) blouse
boca (*f.*) mouth
boca abajo face down
boca arriba face up, on one's back

bocina (*f.*) horn
boleto (*m.*) ticket
bolsa (*f.*) purse, bag; pocket (*Mex.*)
bolsillo (*m.*) pocket
bomba (*f.*) bomb
  —de agua (*f.*) water pump
  —de tiempo (*f.*) time bomb
bombero (*m.*) fireman
bonito(-a) pretty
borracho(-a) drunk
bota (*f.*) boot
botella (*f.*) bottle
botiquín (*m.*) medicine chest
botón (*m.*) button
brazo (*m.*) arm
bueno(-a) good
bujía (*f.*) sparkplug
buscar to look for

C

cabello (*m.*) hair
cabeza (*f.*) head
cabina (*f.*) cab (of a truck)
cada each, every
cadáver (*m.*) cadaver, body
cadena (*f.*) chain
cadera (*f.*) hip
caer(se) to fall
café (*m.*) coffee, cafe, brown
caja (*f.*) box, cash register
calcetín (*m.*) sock
caliente hot
calmante (*m.*) tranquilizer
calmar(se) to calm down
calvo(-a) bald
callarse to be quiet
calle (*f.*) street
cama (*f.*) bed
cámara (*f.*) camera
camarero(-a) waiter, waitress
cambiar(se) to change
cambiarse de ropa to change clothes
cambio (*m.*) change
  —de velocidades (*m.*) gearshift
camilla (*f.*) stretcher
caminar to walk
camino (*m.*) road
camión (*m.*) truck; bus (*Mex.*)
camisa (*f.*) shirt
camiseta (*f.*) T-shirt, undershirt
cansado(-a) tired

cantina (*f.*) bar
cañón (*m.*) cannon, canyon
capó (*m.*) hood (of a car)
capucha (*f.*) hood
cara (*f.*) face
carácter (*m.*) character
  mal— bad temper
característica (*f.*) characteristic
carburador (*m.*) carburator
cárcel (*f.*) jail
careta (*f.*) mask
carne (*f.*) meat; heroin (*slang*)
carnicería (*f.*) meat market
carril (*m.*) lane
carro (*m.*) car
  —patrullero (*m.*) patrol car
carrocería (*f.*) chassis
cartera (*f.*) purse, wallet
casa (*f.*) house
  en— at home
casado(-a) married
casi almost
caso (*m.*) case, matter
  hacer— to pay attention
castaño brown (ref. to hair or eyes)
catarro (*m.*) cold
ceder to concede
  —el paso to yield
ceja (*f.*) eyebrow
celda (*f.*) cell
cementerio (*m.*) cemetery
centro (*m.*) center, downtown (area)
  —camionero (*m.*) bus station (*Mex.*)
cerca (de) near, nearby
cerdo (*m.*) pig
cerradura (*f.*) lock
cerveza (*f.*) beer
césped (*m.*) lawn
cicatriz (*f.*) scar
ciego(-a) blind
cierto certain, true
cigarrillo (*m.*) cigarette
cine (*m.*) movie theatre
cinto (*m.*) belt
cintura (*f.*) waist
cinturón (*m.*) belt
circulación (*f.*) traffic
  doble— two-way traffic
ciudad (*f.*) city
ciudadanía (*f.*) citizenship
ciudadano(-a) citizen
claro(-a) light, clear (color)
  —que sí of course

clase (*f.*) class, kind, type
cliente (*m., f.*) client, customer
clínica (*f.*) clinic
coca (*f.*) coke; cocaine (*colloq.*)
cocaína (*f.*) cocaine
cocina (*f.*) kitchen, stove
coche (*m.*) car
codo (*m.*) elbow
coger to get hold of, to grab
cojear to limp
cojo(-a) lame, crippled
colchón (*m.*) mattress
colección (*f.*) collection
color (*m.*) color
colorado(-a) reddish
comedor (*m.*) dining room
comenzar (e>ie) to begin
comer to eat
comida (*f.*) food, meal
comisaría (*f.*) police station
como as, like
¿como? how?
cómoda (*f.*) chest of drawers
cómodo(-a) comfortable
compañero(-a) (*m., f.*) classmate, friend, companion
comparecer to appear in court
completar to complete
completo(-a) complete
cómplice (*m., f.*) accomplice
comprar to buy
comprender to understand
con with
condado (*m.*) county
conductor(-a) (*m., f.*) driver
confesar (e>ie) to confess
confirmar to confirm
congregación (*f.*) assembly, congregation
conmigo with me
conocer to know
conocido(-a) acquaintance
conseguir (e>i) to get, to obtain
conservar to conserve, to maintain
consulado (*m.*) consulate
contar (o>ue) to count, to tell (a story)
contenido (*m.*) content
contestar to answer
continuar to continue
contra against
contrabando (*m.*) contraband
convulsión (*f.*) convulsion
cooperación (*f.*) cooperation

corazón (*m.*) heart
 sufrir del — to have heart trouble
corbata (*f.*) tie
correo (*m.*) mail, post office
correr to run
correspondencia (*f.*) correspondence, mail
cortar to cut
corte (*f.*) court
cortina (*f.*) curtain
corto(-a) short (length)
 — de vista nearsighted
cosa (*f.*) thing
costar (o>ue) to cost
creer to believe, to think
crespo curly
criminal (*m., f.*) criminal
cruz (*f.*) cross
cruzar to cross
cuadra (*f.*) block
cuadro (*m.*) picture
cualquier any
¿cuándo? when?
¿cuánto(-a)? how much?
¿cuánto tiempo? how long?
¿cuántos(-as) how many?
cuarto (*m.*) room
cuarto(-a) fourth
cubierta (*f.*) hood
cubiertos (*m.*) silverware
cubrir to cover
cucaracha (*f.*) joint (*slang*); cockroach
cuchillo (*m.*) knife
cuello (*m.*) neck, collar
cuenta (*f.*) check, bill, account
culpa (*f.*) blame, fault
 tener la — to be at fault
culpable guilty; (*n.*) culprit
cumpleaños (*m.*) birthday
cuñada sister-in-law
cuñado brother-in-law
cura (*m.*) priest
curva (*f.*) curve, bend

CH

chamaco(-a) boy, girl (*Mex.*)
chantaje (*m.*) blackmail
chapa (*f.*) license plate
chaqueta (*f.*) jacket
chato(-a) flat
chequear to check
chico(-a) boy, girl; (*adj.*) small
chocar to collide, to run into, to hit

chocolate (*m.*) chocolate; hashish (*slang*)
choque (*m.*) collision, crash

D

dar to give
de of, from, about
deber must, should, to owe
decidir to decide
decir (e>i) to say, to tell
dedo (*m.*) finger
defecto (*m.*) defect
 — físico (*m.*) physical disability
defender to defend
deformado(-a) deformed
dejar to leave (behind); to allow, to let
delgado(-a) slim, thin
delincuente (*m., f.*) delinquent
 — juvenil (*m., f.*) juvenile delinquent
demanda (*f.*) lawsuit
 poner una— to sue
demasiado(-a) too much
dentista (*m., f.*) dentist
dentro inside
denunciar to report (a crime); to denounce
departamento (*m.*) department
depender to depend
dependiente (*m., f.*) clerk
derecho(-a) right
derecho (*m.*) right
derecho straight ahead
desaparecer to disappear
desastre (*m.*) disaster
desayunar(se) to have breakfast
descompuesto(-a) out of order, broken
descripción (*f.*) description
descubrir to discover
desde from
desear to wish, to desire, to want
desfigurado(-a) disfigured
despacio slow, slowly
desperfecto (*m.*) slight damage, wear and tear
despertarse (e>ie) to wake up
después (de) later, after
 — de todo after all
destruir to destroy
desvío (*m.*) detour

detalle (*m.*)   detail
detener   to stop, to detain
determinar   to determine
detrás de   behind
día (*m.*)   day
   al —   up to date
diabetes (*f.*)   diabetes
diario (*m.*)   newspaper
diario(a)   daily
diente (*m.*)   tooth
difícil   difficult
dirección (*f.*)   address, direction
disparar   to shoot
dispersarse   to disperse
distrito (*m.*)   district, area
divorciado(-a)   divorced
doblar   to turn, to bend
doble circulación   two-way traffic
documento (*m.*)   document
dolor (*m.*)   pain
   — de cabeza (*m.*)   headache
domicilio (*m.*)   address
¿dónde?   where?
dormir(se) (o>ue)   to sleep, to fall asleep
dormitorio (*m.*)   bedroom
dorso (*m.*)   back (ref. to paper)
dosis (*f.*)   dose
droga (*f.*)   drug
drogadicto(-a)   drug addict
ducha (*f.*)   shower
dueño(-a) (*m., f.*)   owner
durante   during

E

echar al correo   to mail
edad (*f.*)   age
edificio (*m.*)   building
efecto (*m.*)   effect
ejemplo (*m.*)   example
   por —   for example
eléctrico(-a)   electric
elegido(-a)   chosen
elegir (e>i)   to choose, to pick
embarazada   pregnant
empeñar   to pawn
empezar (e>ie)   to begin
empleo (*m.*)   job
empujar   to push
en   in, at
   — casa   at home
en cuanto   as soon as
encendido(-a)   turned on, lit
encerrado(-a)   locked in (up)

encontrar (o>ue)   to find
enfermedad (*f.*)   disease
   —venérea (*f.*)   venereal disease
enfermo(-a)   sick, ill
enfrente   in front of, across the street
enojado(-a)   angry, mad, upset
enseñar   to teach, to show
entender (e>ie)   to understand
entrada (*f.*)   entrance
entrar   to enter, to come (go) in, to break in
entre   between, among
entrelazar   to interlace
entrevista (*f.*)   interview
epiléptico(-a)   epileptic
equivocarse   to make a mistake, to err
escaparse   to run away, to get away, to escape
escopeta (*f.*)   shotgun
escritorio (*m.*)   desk
escuela (*f.*)   school
espalda (*f.*)   back
español   Spanish (language)
específico(-a)   specific
esperar   to wait for, to expect, to hope
esposa   wife
esposas (*f.*)   handcuffs
esposo   husband
esquina (*f.*)   corner
esta noche   tonight
estación (*f.*)   station, depot
   — de ferrocarril   railroad station
   — de ómnibus   bus station
   — de policía   police station
estacionado(-a)   parked
estado (*m.*)   state,
   — civil   marital status
estante (*m.*)   shelf
estar   to be
   — preso(a)   to be in jail
estatal   state (*adj.*)
estatura (*f.*)   height (of a person)
estómago (*m.*)   stomach
estufa (*f.*)   stove
evidencia (*f.*)   evidence
exacto(-a)   exact
examen (*m.*)   exam
examinar   to examine
exceso (*m.*)   excess
excusado (*m.*)   bathroom (*Mex.*)

explicar   to explain
explosión (*f.*)   explosion
extender (e>ie)   to stretch out, to spread
extraño(-a)   strange

F

fácil   easy
falda (*f.*)   skirt
falsificación (*f.*)   forgery
faltar   to be missing, to lack
familia (*f.*)   family
familiar   family (*adj.*)
farmacia (*f.*)   pharmacy
faro (*m.*)   headlight
fecha (*f.*)   date
feliz   happy
femenino(-a)   feminine
ferretería (*f.*)   hardware store
ferrocarril (*m.*)   railroad
fianza (*f.*)   bail
fiesta (*f.*)   party
filtro (*m.*)   filter
fin (*m.*)   end
firma (*f.*)   signature
firmar   to sign
fiscal (*m., f.*)   district attorney
físico(-a)   physical
floreado(-a)   flowered
florería (*f.*)   flower shop
foco (*m.*)   light
forzar (o>ue)   to force
fotografía (*f.*)   photograph
fregadero (*m.*)   kitchen sink
freno (*m.*)   brake
frente (*f.*)   forehead
fuera   outside
fumar   to smoke
funcionar   to function, to work

G

ganga (*f.*)   bargain
garaje (*m.*)   garage
gas (*m.*)   gas
gasolina (*f.*)   gasoline
gasolinera (*f.*)   gas station
gato (*m.*)   jack
generalmente   generally
gente (*f.*)   people
gerente (*m., f.*)   manager
gobierno (*m.*)   government
golpear   to knock, to hit
goma (*f.*)   tire, rubber
   — pinchada   flat tire
gonorrea (*f.*)   gonorrhea

gordo(-a) fat
grabar to tape
grabadora (*f.*) tape recorder
granada de mano (*f.*) hand grenade
grande big, large
grano (*m.*) pimple
gratis free (of charge)
grifa (*f.*) hashish (*slang*)
gripe (*f.*) influenza
gritar to scream, to shout
grupo (*m.*) group
guante (*m.*) glove
guantera (*f.*) glove compartment
guardafangos (*m.*) fender
guardarropa (*m.*) closet

H

hablar to speak, to talk
— **con zeta** to lisp
hacer to do, to make
hacia toward
— **adelante** forward
hasta until, up to
heladería (*f.*) ice cream parlor
herida (*f.*) wound
herido(-a) hurt, injured
hermana sister
hermano brother
hero (*m.*) heroin (*slang*)
hija daughter
hijo son
hijos (*m.*) sons, children (sons and daughters)
histérico(-a) hysterical
hombre man
hombro (*m.*) shoulder
homosexual (*m., f.*) homosexual
hora (*f.*) hour, time
horno (*m.*) oven
hospital (*m.*) hospital
hotel (*m.*) hotel
hoy today
huella (*f.*) track, footprint
huellas digitales (*f.*) fingerprints
humo (*m.*) smoke
huracán (*m.*) hurricane

I

idea (*f.*) idea
identificación (*f.*) identification
identificar to identify

iglesia (*f.*) church
ilegal illegal
impermeable (*m.*) raincoat
importante important
incendio (*m.*) fire
indicador (*m.*) turn signal
índice (*m.*) index finger
infección (*f.*) infection
influencia (*f.*) influence
información (*f.*) information
informe (*m.*) report, form
— **de accidente** accident report
ingles English (language)
inmediatamente immediately
inmigración (*f.*) immigration
inmigrante (*m., f.*) immigrant
inocente innocent
inodoro (*m.*) toilet
instrumento (*m.*) instrument
insulina (*f.*) insulin
interrogación (*f.*) interrogation
interrogar to interrogate, to question
inundación (*f.*) flood
investigar to investigate
ir to go
izquierdo(-a) left (*adj.*)

J

jabón (*m.*) soap
jamás never
jefe(-a) (*m., f.*) chief, boss, employer
joven young
joya (*f.*) jewel
joyería (*f.*) jewelry store
juez (*m., f.*) judge
jugar to play (a game or sport)
juguetería (*f.*) toy store
juntos(-as) together
jurado (*m.*) jury

L

labio (*m.*) lip
lacio straight (hair)
lado (*m.*) side
ladrón(-ona) (*m., f.*) thief, burglar, robber
lápiz (*m.*) pencil
largo(-a) long
lastimado(-a) hurt, injured
lastimarse to get hurt
lavandería (*f.*) laundromat
leer to read

lengua (*f.*) tongue
lentes (*m.*) glasses (eye)
— **de contacto** contact lenses
leño (*m.*) joint (*slang*)
letra (*f.*) handwriting
— **de imprenta** print, printing
levantar to raise
levantarse to get up
ley (*f.*) law
libertad (*f.*) freedom
— **bajo fianza** freedom on bail
librería (*f.*) bookstore
libro (*m.*) book
licencia (*f.*) license
—**para manejar (conducir)** (*f.*) driver's license
licorería (*f.*) liquor store
licuadora (*f.*) blender
límite (*m.*) limit
— **de velocidad** speed limit
limpiaparabrisas (*m.*) windshield wiper
línea (*f.*) line
linterna (*f.*) flashlight
lista (*f.*) list
listo(-a) ready
liviano(-a) light (weight)
luchar to struggle
luego then, later, afterwards
lugar (*m.*) place, room
lunar (*m.*) mole
luz (*f.*) light

Ll

llamada (*f.*) call
— **telefónica** phone call
llamar to call
llanta (*f.*) tire
llave (*f.*) key
llegar to arrive
llenar to fill, to fill out, to fill up
lleno(-a) full
— **de** covered with, full of
llevar to take, to carry, to wear
llevarse to take away, to steal
llorar to cry
llover (o>ue) to rain
lluvia (*f.*) rain

M

madrastra stepmother
madre mother

maestro(-a) (*m., f.*)   teacher
maleta (*f.*)   suitcase
maletero (*m.*)   trunk (of a car)
mal   badly
malo(-a)   bad
mamá   mom, mother
mandar   to send, to order
manejar   to drive
manga (*f.*)   sleeve
mano (*f.*)   hand
mantener   to keep, to support
mañana (*m.*)   tomorrow; (*f.*)
   morning
máquina (*f.*)   machine
   — de coser (*f.*)   sewing
   machine
   — de escribir (*f.*)   typewriter
marca (*f.*)   brand, mark
mareado(-a)   dizzy
maría (*f.*)   marijuana (*slang*)
marido   husband
marijuana (*f.*)   marijuana
marqueta (*f.*)   market (*Mex.*)
marrano (*m.*)   pig
marrón   brown
más bien   rather
más o menos   more or less
máscara (*f.*)   mask
matar   to kill
máximo(-a)   maximum
mayor   older
   dedo —   middle finger
   — de edad   of age, adult
mediano(-a)   medium
medianoche (*f.*)   midnight
medicamento (*m.*)   medicine,
   medication
medicina (*f.*)   medicine
médico (*m., f.*)   doctor, M.D.
medio(-a)   half
medir (e>i)   to measure
mejilla (*f.*)   cheek
mejor   better, best
   a lo —   maybe
menor   younger
   — de edad   minor, under age
menos   less, fewer
mentir (e>ie)   to lie
meñique (*m.*)   little finger
mercado (*m.*)   market
mes (*m.*)   month
mesero(-a)   waiter, waitress
   (*Mex.*)
mesita (*f.*)   small table
   — de noche   night table
metido(-a)   in, placed in
mientras   while
   — tanto   in the meantime

milla (*f.*)   mile
ministro (*m.*)   minister
mirar   to look at
mismo(-a)   same
modelo (*m.*)   model
momento (*m.*)   moment
moneda (*f.*)   coin
moretón (*m.*)   bruise
morgue (*f.*)   morgue
morir (o>ue)   to die
mostrador (*m.*)   counter
mostrar (o>ue)   to show
mota (*f.*)   marijuana (*slang*)
motín (*m.*)   riot
motocicleta (*f.*)   motorcycle
motor (*m.*)   motor, engine
mover(se) (o>ue)   to move
movimiento (*m.*)   movement
mozo (*m.*)   waiter
muchacha   girl, young woman
muchacho   boy, young man
mucho(-a)   much
muchos(-as)   many
mudarse   to move
mudo(-a)   mute
muebles (*m.*)   furniture
multa (*f.*)   fine, ticket
muñeca (*f.*)   wrist, doll
muscular   muscular

N

nacer   to be born
nacimiento (*m.*)   birth
   fecha de —   date of birth
nacionalidad (*f.*)   nationality
nada   nothing
nadie   nobody
nalgas (*f.*)   buttocks
narcótico (*m.*)   narcotic
nariz (*f.*)   nose
navaja (*f.*)   razor, clasp knife
navajita (*f.*)   razor blade
necesitar   to need
negar (e>ie)   to deny
negarse a (e>ie)   to refuse
negro(-a)   black
niebla (*f.*)   fog
nieta   granddaughter
nieto   grandson
nieve (*f.*)   snow
ninguno(-a)   none
niña   girl, child
niño   boy, child
noche (*f.*)   night
nochecita (*f.*)   twilight
nombrar   to name

nombre (*m.*)   name
   segundo — (*m.*)   middle
   name
notar   to notice
novia   girl friend, fiancee
nuera   daughter-in-law
nuevo(-a)   new
número (*m.*)   number
nunca   never

O

o... o   either . . . or
objeto (*m.*)   object
obligar (a)   to make (someone
   do something)
obscenidad (*f.*)   obscenity
observar   to observe
obtener   to obtain
ocasión (*f.*)   occasion
ocupación (*f.*)   occupation
ocupado(-a)   busy
oficina (*f.*)   office
   — de correos   post office
ofrecer   to offer
oído (*m.*)   inner ear
oír   to hear
ojo (*m.*)   eye
ojos saltones (*m.*)   protruding
   eyes
olor (*m.*)   smell
olvidar(se)   to forget
ómnibus (*m.*)   bus
opinión (*f.*)   opinion
orden (*f.*)   order
ordenar   to order
oreja (*f.*)   outer ear
oriental   oriental
orina (*f.*)   urine
oro (*m.*)   gold
oscuro(-a)   dark
otra vez   again
otro(-a)   other, another

P

padrastro   stepfather
padre   father
padres (*m.*)   parents
pagado(-a)   paid for
pago (*m.*)   payment
palangana (*f.*)   basin
pan (*m.*)   bread
panadería (*f.*)   bakery
pantalón (*m.*)   pants, trousers
papá   dad, father
papel (*m.*)   paper

papeleta (*f.*) small piece of paper, small form
paquete (*m.*) package
parabrisas (*m.*) windshield
parado(-a) standing
paramédico (*m., f.*) paramedic
parecer to seem
parecerse (a) to look like
pared (*f.*) wall
pariente (*m., f.*) relative
parpadear to blink
parque (*m.*) park
parqueado(-a) parked
pasado(-a) past; (*adj.*) last
pasajero(-a) passenger
pasaporte (*m.*) passport
pasar to go by, to pass, to spend (time), to happen
pasillo (*m.*) hallway
  — de peatones pedestrian crossing
paso (*m.*) step
  — a paso step by step
pastilla (*f.*) pill; LSD (*slang*), acid (a hit of)
patada (*f.*) kick
patio (*m.*) yard
patrón(-ona) (*m., f.*) boss, employer
patrulla (*f.*) patrol
  policía de — highway patrol
patrullero(-a) patrol
paz (*f.*) peace
peatón (*m., f.*) pedestrian
pecas (*f.*) freckles
pecho (*m.*) chest, breast
pedazo (*m.*) piece
pedir (e>i) to ask for, to request
paego (*m.*) LSD, acid (a hit of)
pegar to hit, to strike
pelado(-a) bald (*colloq.*)
pelea (*f.*) fight
película (*f.*) movie
peligro (*m.*) danger
peligroso(-a) dangerous
pelirrojo(-a) redhead
pelo (*m.*) hair
peluca (*f.*) wig, hairpiece
penetración (*f.*) penetration
pensar (e>ie) to think, to plan
penúltimo(-a) next to last
peor worse, worst
perder (e>ie) to lose
perderse (e>ie) to get lost
perdido(-a) lost
perdón (*m.*) forgiveness
periódico (*m.*) newspaper

permiso (*m.*) warrant, permission, permit
pero but
perro (*m.*) dog
pertenencias (*f.*) belongings
pesar to weigh
pestaña (*f.*) eyelash
pie (*m.*) foot
  dedo del — toe
pierna (*f.*) leg
piscina (*f.*) swimming pool
pistola (*f.*) pistol
platicar to talk (*Mex.*)
playa (*f.*) beach
pluma (*f.*) pen
poco little (*adj.* or *adv.*)
  un — a little
pocos(-as) few
polvo (*m.*) dust; cocaine (*colloq.*)
poner to put
  — una venda to apply a bandage
ponerse to put on
ponerse de rodillas to get on one's knees
por by, for, in, through
por completo completely
por lo menos at least
por lo tanto so, therefore
pornográfico(-a) pornographic
porque because
porro (*m.*) joint, penis (*slang*)
portaguantes (*m.*) glove compartment
portátil portable
posible possible
  lo — everything possible
precaución (*f.*) precaution
precio (*m.*) price
preferir (e>ie) to prefer
pregunta (*f.*) question
preguntar to ask (a question)
prendido(-a) turned on (electricity)
preocupado(-a) worried
presente present
prestar to lend
primero(-a) first
primeros auxilios first aid
primo(-a) (*m., f.*) cousin
prisa (*f.*) haste
  tener — to be in a hurry
prisión (*f.*) prison, jail
privado(-a) private
probar (o>ue) to try, to prove
prohibido(-a) prohibited, forbidden

prohibir to prohibit, to forbid
prometer to promise
pronto soon
propiedad (*f.*) property
prostitución (*f.*) prostitution
prostituto(-a) prostitute
próximo(-a) next
prueba (*f.*) proof, test
  — del alcohol sobriety test
puente (*m.*) bridge
puerco (*m.*) pig
puerta (*f.*) door
puesto(-a) on
  llevar — to have on
pulgada (*f.*) inch
pulgar (*m.*) thumb
pulmonía (*f.*) pneumonia
punta (*f.*) end, tip
puñal (*m.*) dagger
puñetazo (*m.*) blow with the fist

Q

que that, which
¿qué? what? which?
  ¿— pasa? what's going on?
quedar to be located
quedarse to remain, to stay
queja (*f.*) complaint
quejarse to complain
quemadura (*f.*) burn
¿quién(-es)? who?
quieto(-a) still
"¡quieto!" "Freeze!"
químico(-a) chemical

R

radiografía (*f.*) X-ray
rápido fast, quickly
raya (*f.*) stripe
  a rayas striped
raza (*f.*) race
realizar to perform, to make
rebasar to pass (a car) (*Mex.*)
recámara (*f.*) bedroom (*Mex.*)
recepcionista (*m., f.*) receptionist
recibir to receive
reciente recent
recitar to recite
recobrar to recover
recoger to pick up
reconocer to recognize
recordar (o>ue) to remember
refrigerador (*m.*) refrigerator

refugiarse to seek refuge, to
find shelter
regadera (*f.*) shower (*Mex.*)
regalo (*m.*) gift
regar (e>ie) to water
registro (*m.*) registration
regresar to return
reloj (*m.*) watch, clock
— **de pared** wall clock
— **de pulsera** wristwatch
rendirse (e>i) to surrender
rentar to rent (*slang*)
repentino(-a) sudden
representar to represent
resfriado (*m.*) cold
estar resfriado(-a) to have a
cold
resfrío (*m.*) cold
residencial residential
respirar to breathe
responsabilidad (*f.*)
responsibility
restaurante (*m.*) restaurant
retrete (*n.*) toilet (*Mex.*)
revisar to search, to check, to
inspect
revista (*f.*) magazine
revólver (*m.*) revolver
rifle (*m.*) rifle
robado(-a) robbed, stolen
robo (*m.*) robbery, burglary,
theft
robusto(-a) robust, heavyset
rodeado(-a) surrounded
rodilla (*f.*) knee
rojo(-a) red
romper to break
ropa (*f.*) clothes
rosado(-a) pink
rubio(-a) blond(e)
rueda (*f.*) wheel
ruido (*m.*) noise

S

sábana (*f.*) sheet
saber to know
sacerdote (*m.*) priest
sala (*f.*) living room
— **de estar** family room
salir to go out, to leave, to get
out
saltar to jump
salvar to save
sandalia (*f.*) sandal
sangrar to bleed

sangre (*f.*) blood
sección (*f.*) section, division
— **de robos** robbery division
— **de tráfico** traffic division
secretario(-a) secretary
secuestro (*m.*) kidnapping
seguir (e>i) to follow
segundo(-a) second
seguro (*m.*) insurance
— **social** social security
seguro(-a) certain, sure
sello (*m.*) seal; LSD, acid
(*slang*)
semana (*f.*) week
sentarse (e>ie) to sit down
sentirse (e>ie) to feel
señal (*f.*) signal
— **de parada** stop sign
señalar to point (to, out)
separar to separate
servir (e>i) to serve
sexual sexual
siempre always
sífilis (*f.*) syphilis
siguiente following
silenciador (*m.*) muffler,
silencer
silla (*f.*) chair
— **de ruedas** (*f.*) wheelchair
sin without
— **falta** without fail
sobre on, on top of, about
sobrevivir to survive
sobrina niece
sobrino nephew
social social
seguro — (*m.*) social security
¡socorro! help!
sofá (*m.*) sofa
solo(-a) alone
sólo only
soltar (o>ue) to release, to let
go
soltero(-a) single
someterse (a) to submit oneself
(to)
sonar (o>ue) to ring, to sound,
to go off (an alarm)
sordo(-a) deaf
sospechar to suspect
sótano (*m.*) basement
sucio(-a) dirty
suegra mother-in-law
suegro father-in-law
suelo (*m.*) ground, floor
suéter (*m.*) sweater

suicidarse to commit suicide
supermercado (*m.*)
supermarket
suspender to suspend

T

taburete (*m.*) stool
taller (*m.*) workshop
— **de mecánica** (*m.*) repair
shop
también also, too
tampoco neither
tan so
tanque (*m.*) tank
tapicería (*f.*) upholstery
tarde late, (*m.*) afternoon
tarjeta (*f.*) card
tartamudear to stutter
tatuaje (*m.*) tattoo
techo (*m.*) roof
telefonista (*m., f.*) dispatcher,
operator
teléfono (*m.*) telephone
televisor (*m.*) T.V. set
— **a colores** color T.V. set
temblar (e>ie) to tremble, to
shake, to shiver
temer to fear
temprano early
tener to have
— **miedo** to be afraid
tener puesto(-a) to have on
teniente (*m., f.*) lieutenant
terminar to end, to finish
terraza (*f.*) terrace
terremoto (*m.*) earthquake
testigo (*m., f.*) witness
tía aunt
tiempo (*m.*) time
tienda (*f.*) store
tintorería (*f.*) dry cleaner
tío uncle
tobillo (*m.*) ankle
tocadiscos (*m.*) record player
tocar to play (a musical instrument); to touch
— **a la puerta** to knock on
the door
todavía (not) yet
todo(-a) all
todos(-as) all, every
tomar to take, to drink
— **las huellas digitales** to
fingerprint
tos (*f.*) cough

tostadora (*f.*) toaster
totalmente totally
trabajar to work
trabajo (*m.*) work, job
traducir to translate
traer to bring
tráfico (*m.*) traffic
traje (*m.*) suit
tránsito (*m.*) traffic
— **lento** slow traffic
tratar (de) to try
tribunal (*m.*) court
trompada (*f.*) blow with the fist
trompazo (*m.*) blow with the fist, punch
trozo (*m.*) piece
tuerto(-a) one-eyed
túnel (*m.*) tunnel

U

último(-a) last
un(-a) a, an
único(-a) only, unique
— **hijo(-a)** only child
urgente urgent
usar to use, to wear

V

vacaciones (*f.*) vacation
vaciar to empty

vago(-a) bum
valija (*f.*) suitcase
valor (*m.*) value
varios(-as) several
vaso (*m.*) glass (drinking)
vecino(-a) neighbor
vehículo (*m.*) vehicle
velocidad (*f.*) speed
vello (*m.*) body hair
velludo(-a) hairy
venda (*f.*) bandage
vender to sell
veneno (*m.*) poison
venir to come
ventana (*f.*) window (of a car, a bank)
ver to see
verdad (*f.*) truth
verde green
vestir(se) (e>i) to dress (oneself)
vez (*f.*) time (in a series)
a veces sometimes
vía (*f.*) way
viajar to travel
víctima (*f.*) victim
vidrio (*m.*) glass
viejo(-a) old
vino (*m.*) wine
violación (*f.*) rape
violar to rape
visible visible
visitar to visit

viuda widow
viudo widower
vivir to live
volante (*m.*) steering wheel
volar (o>ue) to fly
voluntad (*f.*) will
voluntariamente voluntarily
volver (o>ue) to return, to come (go) back
vuelo (*m.*) flight
vuelta (*f.*) turn
de — back

Y

y and
ya already
— **lo sé** I know
yegua mare

Z

zacate (*m.*) lawn, grass; marijuana (*Mex. slang*)
zapatería (*f.*) shoe store
zapato (*m.*) shoe
zigzaguear to zigzag, to weave (a car, etc.)
zona (*f.*) zone
— **de estacionamiento** parking lot
— **postal** zip code
zurdo(-a) left-handed

A

a un(a)
abnormal anormal
about de, acerca de, sobre
accelerator acelerador (*m.*)
accent acento (*m.*)
accident accidente (*m.*)
accompany acompañar
accomplice cómplice (*m., f.*)
accusation acusación (*f.*)
accuse acusar
acid (LSD) pegao (*m.*) (slang)
acquaintance conocido(a)
act acto (*m.*)
address domicilio (*m.*),
    dirección (*f.*)
adopted adoptado(a)
advise aconsejar
after después (de)
    — **all** despúes de todo
afternoon tarde (*f.*)
afterwards despúes, luego
again otra vez
against contra
age edad (*f.*)
agent agente (*m., f.*)
airport aeropuerto (*m.*)
alarm alarma (*f.*)
alcohol alcohol (*m.*)
alcoholic alcohólico(a)
all todo(a), todos(as)
allergic alérgico(a)
allow permitir, dejar
almost casi
alone solo(a)
alphabet alfabeto (*m.*)
also también
always siempre
and y
animal animal (*m.*)
another otro(a)
answer respuesta (*f.*),
    contestación (*f.*)
answer (*v.*) contestar,
    responder
any cualquier, algún, ningún
apartment apartamento (*m.*)
appear aparecer
    — **in court** comparecer
appendicitis apendicitis (*f.*)
approximate aproximado(a)
area distrito (*m.*), área (*f.*)
arm brazo (*m.*)
arrange arreglar
arrest arrestar, prender

arrive llegar
artificial artificial
arthritis artritis (*f.*)
as como
    — **soon as** en cuanto, tan
    pronto como
ask (a question) preguntar
    — **for** pedir (e>i)
assassin asesino(a)
assembly congregación (*f.*)
at en, a
    — **home** en casa
    — **least** por lo menos
attack (*n.*) ataque (*m.*)
    heart — ataque al corazón
attack (*v.*) atacar
attend asistir
attention atención (*f.*)
aunt tía
automobile automóvil (*m.*),
    coche (*m.*), carro (*m.*)
avenue avenida (*f.*)

B

back espalda (*f.*)
backwards hacia atrás
bad malo(a)
badly mal
bail fianza (*f.*)
bakery panadería (*f.*),
    confitería (*f.*)
balcony balcón (*m.*)
bald calvo(a), pelado(a)
    (*slang*)
bandage venda (*f.*)
bank banco (*m.*)
bar bar (*m.*), cantina (*f.*)
bargain ganga (*f.*)
basement sótano (*m.*)
basin palangana (*f.*), lavabo
    (*m.*)
bath baño (*m.*)
bathe bañar, bañarse
bathroom cuarto (*m.*) de baño,
    baño, excusado (*m.*) (*Mex.*)
bathtub bañadera (*f.*)
battery batería (*f.*)
be ser, estar
    — **born** nacer
    — **cold** tener frío
    — **free on bail** estar en
    libertad bajo fianza
    — **in a hurry** tener prisa,
    estar apurado(a)
    — **in jail** estar preso(a)
    — **located** quedar
    — **missing** faltar

beach playa (*f.*)
beard barba (*f.*)
because porque
bed cama (*f.*)
bedroom dormitorio (*m.*),
    recámara (*f.*) (*Mex.*)
beer cerveza (*f.*)
before antes (de)
begin comenzar (e>ie),
    empezar (e>ie)
behind detrás (de), atrás
behind (*adj.*) atrasado(a)
believe creer
belongings pertenencias (*f.*)
belt cinto (*m.*), cinturón (*m.*)
bend down agacharse
better mejor
between entre
bicycle bicicleta (*f.*)
big grande
bill cuenta (*f.*)
birth nacimiento (*m.*)
    — **certificate** certificado (*m.*)
    de nacimiento
    date of — fecha (*f.*) de
    nacimiento
birthday cumpleaños (*m.*)
black negro(a)
blackmail chantaje (*m.*)
blame (*n.*) culpa (*f.*)
blame (*v.*) culpar
blender licuadora (*f.*)
blind ciego(a)
blink parpadear
block cuadra (*f.*)
blond(e) rubio(a)
blood sangre (*f.*)
blouse blusa (*f.*)
blow golpe (*m.*)
    — **with the fist** trompada
    (*f.*), trompazo (*m.*), puñetazo
    (*m.*)
blue azul
body cuerpo (*m.*), cadáver
    (*m.*)
    — **hair** vello (*m.*)
bomb bomba (*f.*)
book libro (*m.*)
bookstore librería (*f.*)
boot bota (*f.*)
boss patrón(-ona), jefe(a)
bottle botella (*f.*)
boy niño, muchacho
box caja (*f.*)
brake freno (*m.*)
brake (*v.*) frenar
brand marca (*f.*)
bread pan (*m.*)

break romper
breath aliento (*m.*)
breathe respirar
bridge puente (*m.*)
bring traer
broken roto(a), descompuesto(a)
brother hermano
   — **in-law** cuñado
brown café, marrón, pardo, castaño (*ref. to eyes and hair*)
bruise moretón (*m.*), morado (*m.*)
building edificio (*m.*)
bum vago(a)
burglar ladrón(-ona)
burglar alarm alarma antirrobo
burglary robo (*m.*)
burn quemar(se), incendiar(se)
burn (*n.*) quemadura (*f.*)
bus ómnibus (*m.*), autobús (*m.*), camión (*Mex.*)
busy ocupado(a)
but pero
buttocks nalgas (*f.*)
button botón (*m.*)
buy comprar
by por

C

cab (of a truck) cabina (*f.*)
cafe café (*m.*)
call llamar
call (*n.*) llamada (*f.*)
telephone— llamada telefónica
calm down calmar(se)
camera cámara (*f.*) fotográfica
cannon cañón (*m.*)
cap gorra (*f.*)
car carro (*m.*), coche (*m.*), automóvil (*m.*)
   patrol — carro patrullero(*m.*)
carburator carburador (*m.*)
card tarjeta (*f.*)
carpet alfombra (*f.*)
case caso (*m.*)
cash dinero en efectivo (*m.*)
   — **register** caja (*f.*)
cat gato (*m.*)
cell celda (*f.*)
cemetery cementerio (*m.*)
center centro (*m.*)
certain seguro(a)
chain cadena (*f.*)
chair silla (*f.*)
   rocking — sillón (*m.*)

change cambiar(se)
   — **clothes** cambiarse de ropa
change (*n.*) cambio (*m.*)
character carácter (*m., f.*)
chassis carrocería (*f.*)
check cheque (*m.*), cuenta (*f.*)
check (*v.*) revisar, chequear
cheek mejilla (*f.*)
chemical químico(a)
chest pecho (*m.*)
   — **of drawers** cómoda (*f.*)
chief jefe(a)
child niño(a)
chin barbilla (*f.*)
choose elegir (e>i), escoger
chosen elegido(a), escogido(a)
church iglesia (*f.*)
cigarette cigarrillo (*m.*)
citizen ciudadano(a)
citizenship ciudadanía (*f.*)
city ciudad (*f.*)
class clase (*f.*)
classmate compañero(-a) de clase (*m., f.*)
clear claro(-a)
clerk dependiente (*m., f.*), empleado(-a)
clinic clínica (*f.*)
clock reloj (*m.*)
clothes ropa (*f.*)
coat abrigo (*m.*)
cocaine cocaína (*f.*), polvo (*m.*), coca (*f.*)
coffee café (*m.*)
coin moneda (*f.*)
cold catarro (*m.*), resfrío (*m.*)
   to have a — estar resfriado(-a), tener catarro
cold (*adj.*) frío(-a)
collar cuello (*m.*)
collection colección (*f.*)
collide chocar
collision choque (*m.*)
color color (*m.*)
come venir
   — **back** volver (o>ue), regresar
   — **in** entrar (en)
commit suicide suicidarse
complain quejarse
complaint queja (*f.*)
complete completar
complete (*adj.*) completo(-a)
completely por completo, completamente
confess confesar (e>ie)
confirm confirmar
conserve conservar

consulate consulado (*m.*)
content contenido (*m.*)
continue continuar, seguir (e>i)
contraband contrabando (*m.*)
convulsion convulsión (*f.*)
cooperate cooperar
cooperation cooperación (*f.*)
corner esquina (*f.*)
correspondence correspondencia (*f.*)
cost costar (o>ue)
couch sofá (*m.*)
cough toser
cough (*n.*) tos (*f.*)
count contar (o>ue)
counter mostrador (*m.*)
county condado (*m.*)
court corte (*f.*), tribunal (*m.*)
cousin primo(-a) (*m., f.*)
cover cubrir
criminal criminal (*m., f.*)
cross cruzar
cross (*n.*) cruz (*f.*)
cross-eyed bizco(-a)
cry llorar
cupboard armario (*m.*)
curly crespo, enrulado
curtain cortina (*f.*)
curve curva (*f.*)
customer cliente (*m., f.*)
cut cortar

D

dad papá
dagger puñal (*m.*)
daily diario(-a) (*adj.*); diariamente (*adv.*)
damage daño (*m.*), desperfecto (*m.*)
danger peligro (*m.*)
dangerous peligroso(-a)
dark oscuro(-a)
date fecha (*f.*)
   up to — al día
daughter hija
   — **-in-law** nuera
dawn amanecer (*m.*), madrugada (*f.*)
day día (*m.*)
deaf sordo(-a)
decide decidir
defect defecto (*m.*)
defend defender
deformed deformado(-a)
dentist dentista (*m., f.*)
department departamento (*m.*)
depend depender (de)

describe describir
description descripción (*f.*)
desk escritorio (*m.*)
destroy destruir
detail detalle (*m.*)
determine determinar
detour desvío (*m.*)
diabetes diabetes (*f.*)
die morir (o>ue)
difficult difícil
difficulty dificultad (*f.*)
dining room comedor (*m.*)
direction dirección (*f.*)
dirty sucio(-a)
disappear desaparecer
disaster desastre (*m.*)
disease enfermedad (*f.*)
disfigured desfigurado(-a)
dispatcher operador(-a),
  telefonista (*m., f.*)
disperse dispersar(se)
district distrito (*m.*)
  — **attorney** fiscal (*m., f.*)
division sección (*f.*), división
  (*f.*)
  robbery — sección de robos
  (*f.*)
  traffic — sección de tráficos
  (*f.*)
divorced divorciado(a)
dizzy mareado(a)
do hacer
doctor doctor(a), médico(a)
document documento (*m.*)
dog perro (*m.*)
door puerta (*f.*)
dose dosis (*f.*)
downtown centro (*m.*)
drapery cortina (*f.*)
dress vestido (*m.*)
dress (oneself) vestir(se) (e>i)
drink beber, tomar
drink (*n.*) bebida (*f.*)
drive manejar, conducir
driver conductor(a)
driver's license licencia (*f.*)
  para manejar (conducir)
drug droga (*f.*)
  — **addict** drogadicto(a)
drugstore farmacia (*f.*)
drunk borracho(a)
dry seco(a)
  — **cleaner** tintorería (*f.*)
during durante
dusk anochecer (*m.*)

E

each cada

ear (inner) oído (*m.*)
ear (outer) oreja (*f.*)
early temprano
earring arete (*m.*), aro (*m.*),
  pendiente (*m.*)
earthquake terremoto (*m.*)
easy fácil
eat comer
effect efecto (*m.*)
either o
elbow codo (*m.*)
electric eléctrico(a)
employer jefe(-a),
  patrón(-ona)
empty vacío(a)
empty (*v.*) vaciar
end fin (*m.*), final (*m.*), punta
  (*f.*)
end (*v.*) terminar, acabar
English (*n.*) inglés (*m.*)
engine motor (*m.*)
enter entrar
entrance entrada (*f.*)
epileptic epiléptico(a)
err errar, equivocarse
escape escaparse
every todos(as), cada
evidence evidencia (*f.*)
exact exacto(a)
exam examen (*m.*)
examine examinar
example ejemplo (*m.*)
  for — por ejemplo
excess exceso (*m.*)
exit salida (*f.*)
expect esperar
explosion explosión (*f.*)
eye ojo (*m.*)
eyebrow ceja (*f.*)
eyelashes pestañas (*f.*)

F

face cara (*f.*)
  — **down** boca abajo
  — **up** boca arriba
fall caer(se)
  — **asleep** dormirse (o>ue)
family familia (*f.*)
family (*adj.*) familiar
  — **room** sala (*f.*) de estar
fat gordo(a)
father padre, papá
  — **-in-law** suegro
fear temer, tener miedo
feel sentir(se) (e>ie)
feminine femenino(a)
fender guardafangos (*m.*)

few pocos(as)
fight pelear, luchar
fight (*n.*) pelea (*f.*), riña (*f.*)
fill llenar
film película (*f.*)
filter filtro (*m.*)
find encontrar (o>ue), hallar
  — **out** averiguar
fine (*n.*) multa (*f.*)
fine (*adv.*) bien
finger dedo (*m.*)
fingerprint tomar las huellas
  digitales
fingerprints huellas digitales
  (*f.*)
finish terminar, acabar
fire fuego (*m.*), incendio (*m.*)
fireman bombero (*m.*)
first primero(a)
  — **aid** primeros auxilios (*m.*)
fix arreglar
flashlight linterna (*f.*)
flat chato(a), plano(a)
flight vuelo (*m.*)
flood inundación (*f.*)
floor piso (*m.*)
flower flor (*f.*)
  — **shop** florería (*f.*)
flowered floreado(a)
flu gripe (*f.*)
fly volar (o>ue)
fog niebla (*f.*)
follow seguir (e>i)
following siguiente
food comida (*f.*), alimento
  (*m.*)
foot pie (*m.*)
footprint huella (*f.*)
for para, por
forbid prohibir
force forzar (o>ue)
forehead frente (*f.*)
forgery falsificación (*f.*)
forget olvidar(se) (de)
forward hacia adelante
fourth cuarto(-a)
freckle peca (*f.*)
free gratis, libre
freedom libertad (*f.*)
freeway autopista (*f.*)
friend amigo(a)
from de, desde
full lleno(a)
function funcionar
furniture muebles (*m.*)

G

garage garaje (*m.*)

gas gas (*m.*)
gasoline gasolina (*f.*)
generally generalmente
get obtener, conseguir (e>i)
— **dressed** vestirse (e>i)
— **hold of** agarrar, coger
— **hurt** lastimarse
— **lost** perderse (e>ie)
— **on one's knees** arrodillarse
— **out** salir; (of a car)
bajarse
gift regalo (*m.*)
girl chica, muchacha
girl friend novia
give dar
glass vidrio (*m.*), vaso (*m.*)
glasses (eye) anteojos (*m.*),
lentes (*m.*), gafas (*f.*),
espejuelos (*m.*)
glove guante (*m.*)
— **compartment** guantera
(*f.*), portaguantes (*m.*)
go ir
— **down** bajarse
gold oro (*m.*)
gonorrhea gonorrea (*f.*)
good bueno(a)
government gobierno (*m.*)
grab agarrar, coger
granddaughter nieta
grandfather abuelo
grandmother abuela
grandson nieto
grass pasto (*m.*), hierba (*f.*);
zacate (*m.*)
green verde
ground suelo (*m.*)
group grupo (*m.*)
guilty culpable

H

hair pelo (*m.*), cabello (*m.*)
body — vello (*m.*)
hairy velludo(-a), peludo(-a)
half medio(a)
hallway pasillo (*m.*)
halt! ¡alto!
hand mano (*f.*)
— **grenade** granada de mano
(*f.*)
handcuffs esposas (*f.*)
happen pasar, suceder
happy feliz
hardware store ferretería (*f.*)
hashish chocolate (*m.*), grifa
(*f.*)

have tener
— **breakfast** desayunar
— **on** tener (llevar)
puesto(a)
— **to** tener que
head cabeza (*f.*)
headlight faro (*m.*)
hear oír
heart corazón (*m.*)
heavy pesado(-a)
— **set** robusto(-a), grande
heel talón (*m.*)
height estatura (*f.*), altura (*f.*)
help ayudar
help (*n.*) ayuda (*f.*), auxilio
(*m.*)
help! ¡socorro! ¡auxilio!
here aquí, acá
heroin heroína (*f.*), hero
(*slang*)
hip cadera (*f.*)
hit golpear, pegar
homosexual homosexual
hood capó (*m.*); capucha (*f.*)
hope esperar
hope (*n.*) esperanza (*f.*)
horn bocina (*f.*)
hospital hospital (*m.*)
hot caliente
hotel hotel (*m.*)
hour hora (*f.*)
house casa (*f.*)
how? ¿cómo?
— **long?** ¿cuánto tiempo?
— **many?** ¿cuántos(as)?
— **much?** ¿cuánto(a)?
hurricane huracán (*m.*)
hurried apurado(-a)
hurt herido(-a), lastimado(-a)
husband esposo, marido
hysterical histérico(-a)

I

ice cream helado (*m.*)
— **parlor** heladería (*f.*)
idea idea (*f.*)
identification identificación
(*f.*)
identify identificar
illegal ilegal
illness enfermedad (*f.*)
immediately inmediatamente
immigrant inmigrante (*m., f.*)
immigration inmigración (*f.*)
important importante
in en, dentro (de)
— **front of** enfrente (de)

inch pulgada (*f.*)
index finger dedo (*m.*) índice
infection infección (*f.*)
influence influencia (*f.*)
inform informar
information información (*f.*)
injured herido(a)
innocent inocente
inside adentro, dentro
instrument instrumento (*m.*)
insulin insulina (*f.*)
insurance seguro (*m.*),
aseguranza (*f.*)
insure asegurar
interlace entrelazar
interrogate interrogar
interrogation interrogación (*f.*)
interview entrevista (*f.*)
investigate investigar
investigation investigación (*f.*)
item objeto (*m.*), cosa (*f.*)

J

jack gato (*m.*)
jacket chaqueta (*f.*)
jail cárcel (*f.*), prisión (*f.*)
jewel joya (*f.*), alhaja (*f.*)
jewelry store joyería (*f.*)
job empleo (*m.*), trabajo (*m.*)
joint (*slang*) leño (*m.*),
cucaracha (*f.*) porro (*m.*)
judge juez (*m., f.*)
jump saltar
jury jurado (*m.*)
juvenile juvenil
— **delinquent** delincuente
juvenil (*m., f.*)

K

keep guardar, mantener
— **to the right** mantenga su
derecha
— **in mind** tener en cuenta
key llave (*f.*)
kick patear
kick (*n.*) patada (*f.*)
kidnapping secuestro (*m.*)
kill matar
kind clase (*f.*)
kitchen cocina (*f.*)
— **sink** fregadero (*m.*)
knee rodilla (*f.*)
knife cuchillo (*m.*)
knock golpear
— **on the door** tocar (llamar)
a la puerta

know   conocer, saber

L

lame   cojo(a)
lane   carril (*m.*), carrilera (*f.*)
large   grande
last   último(a), pasado(a)
— **night**   anoche
late   tarde
later   después, más tarde, luego
laundromat   lavandería (*f.*)
law   ley (*f.*)
lawyer   abogado(a)
leave   salir, dejar, irse
left   izquierdo(a)
left-handed   zurdo(a)
leg   pierna (*f.*)
lend   prestar
less   menos
letter   carta (*f.*), letra (*f.*)
license   licencia (*f.*)
— **plate**   chapa (*f.*)
lie   mentir (e>ie)
lieutenant   teniente (*m.*, *f.*)
light   foco (*m.*), luz (*f.*)
light (*adj.*)   claro(a) (color);
liviano(a) (weight)
like   como
— **this**   así
limit   límite (*m.*)
limp   cojear
line   línea (*f.*)
lip   labio (*m.*)
liquor store   licorería (*f.*)
lisp   hablar con «zeta»
list   lista (*f.*)
lit   encendido(-a)
little   poco (*quantity*);
pequeño(-a) (*size*)
— **finger**   meñique (*m.*)
live   vivir
living room   sala (*f.*)
lock   cerrar (e>ie) con llave
lock (*n.*)   cerradura (*f.*)
locked in (**up**)   encerrado(a)
lodging   alojamiento (*m.*)
long   largo(a)
look at   mirar
look for   buscar
look like   parecer(se)
lose   perder (e>ie)
lost   perdido(a)

M

machine   máquina (*f.*)
— **gun**   ametralladora (*f.*)

mad   enojado(a)
magazine   revista (*f.*)
maiden name   apellido (*m.*) de
soltera
mail   correo (*m.*),
correspondencia (*f.*)
make   hacer
make (**someone do something**)
obligar (a)
man   hombre
manager   gerente (*m.*, *f.*)
many   muchos(as)
marijuana   marijuana (*f.*)
María (*slang*), Mari Juana
(*slang*)
marital status   estado (*m.*) civil
mark   marca (*f.*)
market   mercado (*m.*),
marqueta (*Mex. Am*)
married   casado(a)
mask   careta (*f.*), máscara (*f.*)
mattress   colchón (*m.*)
maximum   máximo(-a)
measure   medir (e>i)
meat   carne (*f.*)
— **market**   carnicería (*f.*)
medication   medicina (*f.*),
medicamento (*m.*)
medicine   medicina (*f.*)
— **chest**   botiquín (*m.*)
medium   mediano(-a)
meeting   reunión (*f.*), junta (*f.*)
midnight   medianoche (*f.*)
mile   milla (*f.*)
minister   ministro
minor   menor de edad
model   modelo (*m.*)
mole   lunar (*m.*)
mom   mamá
moment   momento (*m.*)
month   mes (*m.*)
more or less   más o menos
moreover   además
morgue   morgue (*f.*)
morning   mañana (*f.*)
mother   madre, mamá
— **-in-law**   suegra
motor   motor (*m.*)
motorcycle   motocicleta (*f.*),
moto (*f.*)
moustache   bigote (*m.*)
move   mover(se) (o>ue),
mudarse
movement   movimiento (*m.*)
movie   película (*f.*)
— **theatre**   cine (*m.*)
much   mucho(a)
muffler   silenciador (*m.*)

mugging   asalto (*m.*)
murder   asesinato (*m.*)
murderer   asesino(-a)
muscular   muscular
must   deber
mute   mudo(-a)

N

name (*n.*)   nombre (*m.*)
name   nombrar
narcotic   narcótico (*m.*)
narrow   angosto(-a)
nationality   nacionalidad (*f.*)
near   cerca (de)
neck   cuello (*m.*)
need   necesitar
needle   aguja (*f.*)
neighbor   vecino(-a)
neither   tampoco
nephew   sobrino
never   nunca, jamás
new   nuevo(-a)
news   noticia (*f.*)
newspaper   periódico (*m.*),
diario (*m.*)
next   próximo(-a), siguiente
— **to last**   penúltimo(-a)
nickname   apodo (*m.*),
sobrenombre (*m.*)
niece   sobrina
night   noche (*f.*)
— **before last**   anteanoche
no one   nadie
nobody   nadie
noise   ruido (*m.*)
none   ningún, ninguno(a)
nose   nariz (*f.*)
nothing   nada
notice   notar
notify   avisar
now   ahora
number   número (*m.*)

O

obscene   obsceno(a)
obscenity   obscenidad (*f.*)
observe   observar
obtain   obtener, conseguir (e>i)
occasion   ocasión (*f.*)
occupation   ocupación (*f.*)
odor   olor (*m.*)
of age   mayor de edad
offer   ofrecer
office   oficina (*f.*)
often   a menudo, seguido
oil   aceite (*m.*)

old viejo(a)
older mayor
on sobre, en, encendido(a)
(electricity)
— **time** a tiempo
one-eyed tuerto(-a)
only solamente, sólo
open abrir
open (*adj.*) abierto(-a)
opinion opinión (*f.*)
orange naranja (*f.*)
orange (*adj.*) anaranjado(-a)
order (*v.*) ordenar, orden (*f.*)
oriental oriental
other otro(-a)
outside fuera, afuera
oven horno (*m.*)
owe deber
owner dueño(-a)

P

package paquete (*m.*)
paid for pagado(-a)
pain dolor (*m.*)
pants pantalón (*m.*),
pantalones (*m.*)
paper papel (*m.*), papeleta (*f.*)
paramedic paramédico (*m., f.*)
pardon perdón
parents padres (*m.*)
park parque (*m.*)
park (*v.*) estacionar, aparcar,
parquear
party fiesta (*f.*)
pass pasar
— **(a car)** (*Mex.*) rebasar
passenger pasajero(-a)
passport pasaporte (*m.*)
past pasado (*m.*)
patrol patrulla (*f.*)
— **car** patrullero (*m.*)
highway — policía patrullera
(de patrulla) (*m.*)
pawn empeñar
pay pagar
payment pago (*m.*)
peace paz (*f.*)
— **officer** agente de paz
(*m., f.*)
pedestrian peatón (*m., f.*)
— **crossing** paso de peatones
(*m.*)
pen pluma (*f.*)
pencil lápiz (*m.*)
penetration penetración (*f.*)
people gente (*f.*)
perform realizar

pharmacy farmacia (*f.*)
phone teléfono (*m.*)
— **call** llamada telefónica
(*f.*)
photograph fotografía (*f.*),
foto (*f.*)
physical físico(-a)
— **disability** defecto físico
(*m.*)
pick up recoger
picture cuadro (*m.*)
piece pedazo (*m.*), trozo (*m.*)
pig puerco, cerdo, marrano
(*m.*)
pill píldora (*f.*), pastilla (*f.*)
pillow almohada (*f.*)
pimple grano (*m.*)
pink rosado(-a)
pistol pistola (*f.*)
place lugar (*m.*)
plan pensar (e>ie), planear
plane avion (*m.*)
play jugar; tocar (*a musical
instrument*)
pneumonia pulmonía (*f.*)
pocket bolsillo (*m.*), bolsa (*f.*)
point señalar, apuntar
poison veneno (*m.*)
police policía (*f.*)
— **station** estación de
policía, comisaría (*f.*)
pornographic pornográfico(-a)
portable portátil
possible posible
post office oficina (*f.*) de
correos, correo (*m.*)
precaution precaución (*f.*)
prefer preferir (e>ie)
pregnant embarazada, encinta,
preñada (*slang*)
present presente
present (*n.*) regalo (*m.*)
pretty bonito(-a)
price precio (*m.*)
priest cura (*m.*), sacerdote
(*m.*)
prison prisión (*f.*), cárcel (*f.*)
private privado(-a)
prohibit prohibir
promise promesa (*f.*)
property propiedad (*f.*)
prostitute prostituto(-a)
prostitution prostitución (*f.*)
protruding eyes ojos saltones
(*m.*)
prove probar (o>ue)
pull estirar
— **over** (*car*) arrimar

pump bomba (*f.*)
water — bomba de agua
purse bolsa (*f.*), cartera (*f.*)
push empujar
put poner
— **on** ponerse
— **out (a fire)** apagar

Q

question interrogar
question (*n.*) pregunta (*f.*)
quick rápido(a)

R

race raza (*f.*)
railroad ferrocarril (*m.*)
rain llover (o>ue)
rain (*n.*) lluvia (*f.*)
raincoat impermeable (*m.*)
raise levantar
rape violar
rape (*n.*) violación (*f.*)
rather más bien
razor navaja (*f.*)
read leer
ready listo(a)
recent reciente
receptionist recepcionista
(*m., f.*)
recite recitar
recognize reconocer
record antecedente (*m.*);
disco (*m.*)
— **player** tocadiscos (*m.*)
recover recobrar
red rojo(a)
redheaded pelirrojo(-a)
refrigerator refrigerador (*m.*)
refuse negarse (e>ie) (a),
rehusar
registration registro (*m.*)
relative pariente (*m., f.*)
release soltar (o>ue)
remain quedarse
remember recordar (o>ue),
acordarse (o>ue) (de)
rent alquilar, rentar (*slang*)
repair arreglar
report (a crime) denunciar
report (*n.*) informe (*m.*),
accident — informe (*m.*) de
accidente
represent representar
request pedir (e>i)
residential residencial
responsibility responsabilidad
(*f.*)

responsible responsable
restaurant restaurante (*m.*)
return (to someplace) volver (o>ue), regresar
return (something) devolver (o>ue)
revolver revólver (*m.*)
rifle rifle (*m.*)
right (*adj.*) derecho(-a)
right (*n.*) derecho (*m.*)
right away en seguida, inmediatamente
ring (*n.*) anillo (*m.*)
　— **finger** anular (*m.*)
ring (*v.*) sonar (o>ue)
riot motín (*m.*)
road camino (*m.*)
robber ladrón(-ona)
roof techo (*m.*)
room habitación (*f.*), cuarto (*m.*), lugar (*m.*)
rug alfombra (*f.*)
run correr
　— **away** escaparse
　— **into** chocar
　— **over** atropellar

S

same mismo(a)
sandal sandalia (*f.*)
save salvar
say decir (e>i)
scar cicatriz (*f.*)
school escuela (*f.*)
scream gritar
scream (*n.*) grito (*m.*)
seal (LSD) (*colloq.*) sello (*m.*)
search revisar, buscar
seat asiento (*m.*)
second segundo(a)
secretary secretario(a)
see ver
seem parecer
sell vender
separate separar
sergeant sargento
serve servir (e>i)
service station gasolinera (*f.*), estación de servicio (*f.*)
several varios(-as)
sew coser
sewing machine máquina de coser (*f.*)
sexual sexual
shake temblar (e>ie), sacudir
sheet sábana (*f.*)

shelf estante (*m.*)
shirt camisa (*f.*)
shiver temblar (e>ie), tiritar
shoe zapato (*m.*)
　— **store** zapatería (*f.*)
shoot disparar, tirar
short bajo(-a), chaparro(-a) (*height*); corto(-a) (*length*)
shotgun escopeta (*f.*)
shoulder hombro (*m.*)
show mostrar (o>ue), enseñar
shower ducha (*f.*), regadera (*f.*) (*Mex.*)
sick enfermo(-a)
side lado (*m.*)
sidewalk acera (*f.*), banqueta (*f.*) (*Mex.*)
sign firmar
signature firma (*f.*)
silencer silenciador (*m.*)
silverware cubiertos (*m.*)
single soltero(a)
sister hermana
　— **-in-law** cuñada
sit sentar(se) (e>ie)
skirt falda (*f.*)
sleep dormir (o>ue)
sleeve manga (*f.*)
slowly despacio, lentamente
small chico(-a), pequeño(-a)
smell oler
smell (*n.*) olor (*m.*)
smoke fumar
smoke (*n.*) humo (*m.*)
snow nieve (*f.*)
so por lo tanto, así que, tan
soap jabón (*m.*)
sobriety test prueba (*f.*) del alcohol
social social
　— **security** seguro (*m.*) social
sock calcetín (*m.*)
sofa sofá (*m.*)
someone alguien
something algo
sometimes algunas veces, a veces
son hijo
soon pronto
sound sonar (o>ue)
sound (*n.*) sonido (*m.*)
Spanish (*n.*) español
sparkplug bujía (*f.*)
speak hablar
specific específico(-a)
speed velocidad (*f.*)

spend gastar (*money*); pasar (*time*)
spreadeagle abra las piernas
squabble pelea (*f.*), riña (*f.*)
stab dar una puñalada
standing parado(-a)
start comenzar (e>ie), empezar (e>ie)
starter arranque (*m.*), motor de arranque (*m.*)
state estado (*m.*)
state (*adj.*) estatal
station estación (*f.*)
　police — estación de policía (*f.*), comisaría (*f.*)
stay quedarse
steel acero (*m.*)
steering wheel volante (*m.*)
step paso (*m.*), escalón (*m.*)
　— **by step** paso a paso
　— **-father** padrastro
　— **-mother** madrastra
still todavía
stolen robado(-a)
stomach estómago (*m.*)
stool taburete (*m.*)
stop deterner, parar
stop! ¡alto!
　— **sign** señal de parada (*f.*)
store tienda (*f.*)
stove cocina (*f.*), estufa (*f.*)
straight derecho
straight (*adj.*) lacio (*hair*); derecho(-a)
strange extraño(-a)
street calle (*f.*)
stretch out extender (e>ie)
stretcher camilla (*f.*)
stripe raya (*f.*)
striped a rayas
stutter tartamudear
submit oneself someterse
sudden repentino(-a)
sue poner una demanda, demandar
suit demanda (*f.*); traje (*m.*)
suitcase maleta (*f.*), valija (*f.*), velis (*m.*) (*Mex.*)
supermarket supermercado (*m.*)
sure seguro(a)
surname apellido (*m.*)
surrender rendirse (e>i)
surrounded rodeado(a)
survive sobrevivir
suspect sospechar

suspend suspender
sweater suéter (*m.*)
swim nadar
swimming pool piscina (*f.*),
  alberca (*f.*) (*Mex.*)
sword espada (*f.*)
syphilis sífilis (*f.*)

T

table mesa (*f.*)
take llevar, tomar
  — **a picture** tomar una foto,
  sacar una foto
  — **away (steal)** llevarse
talk hablar, conversar, platicar
  (*Mex.*)
tall alto(-a)
tank tanque (*m.*)
tape grabar
tape (*n.*) cinta (*f.*)
  — **recorder** grabadora (*f.*)
tattoo tatuaje (*m.*)
teacher maestro(-a)
teenager adolescente (*m., f.*)
telephone teléfono (*m.*)
  — **call** llamada telefónica
  (*f.*)
tell decir (e>i), contar (o>ue)
terrace terraza (*f.*)
test prueba (*f.*), examen (*m.*),
  análisis (*m.*)
  sobriety — prueba del
  alcohol (*f.*)
then luego, después, entonces
there allí, allá, ahí
thief ladrón(-ona)
thin delgado(-a)
thing cosa (*f.*)
think pensar (e>ie), planear
threat amenaza (*f.*)
threaten amenazar
through por, a través de
thumb pulgar (*m.*)
tie corbata (*f.*)
ticket billete (*m.*), boleto (*m.*),
  multa (*f.*)
time (in a series) vez (*f.*), hora
  (*f.*), tiempo (*m.*)
  — **bomb** bomba (*f.*) de
  tiempo
tire llanta (*f.*), goma (*f.*)
  flat — goma pinchada
tired cansado(a)
to a, hacia
toaster tostadora (*f.*)

today hoy
toe dedo (*m.*) del pie
together juntos(as)
toilet inodoro (*m.*), retrete
  (*m.*) (*Mex.*)
tomorrow mañana
tongue lengua (*f.*)
tonight esta noche
too también, demasiado
tooth diente (*m.*)
totally totalmente
touch tocar
towards hacia
toy juguete (*m.*)
  — **store** juguetería (*f.*)
track huella (*f.*)
traffic circulación (*f.*), tráfico
  (*m.*), tránsito (*m.*)
  two-way — doble circulación
tranquilizer calmante (*m.*)
translate traducir
trash basura (*f.*)
travel viajar
tremble temblar (e>ie)
trousers pantalones (*m.*)
truck camión (*m.*), troca (*f.*)
  (*slang–Mex. Am.*)
true verdad, cierto
trunk maletero (*m.*), cajuela
  (*f.*) (*Mex.*)
truth verdad (*f.*)
try tratar (de)
turn doblar
  — **off** apagar
turn (*n.*) vuelta (*f.*)
  — **signal** indicador (*m.*)
tunnel túnel (*m.*)
T.V. set televisor (*m.*), aparato
  de televisión (*m.*)
type (*n.*) tipo (*m.*), clase (*f.*)
type escribir a máquina
typewriter máquina de escribir
  (*f.*)

U

uncle tío
under bajo, debajo (de)
undershirt camiseta (*f.*)
understand entender (e>ie),
  comprender
until hasta
upholstery tapicería (*f.*)
urgent urgente
urine orina (*f.*)
use usar

V

vacation vacaciones (*f.*)
value valor (*m.*)
vehicle vehículo (*m.*)
victim víctima (*f.*)
visible visible
visit visitar
voluntarily voluntariamente

W

waist cintura (*f.*)
wait esperar
waiter mozo, camarero,
  mesero
waitress camarera, mesera
wake up despertarse (e>ie)
walk caminar
wall pared (*f.*)
  against the — contra la pared
wallet billetera (*f.*), cartera
  (*f.*)
want querer (e>ie), desear
warrant permiso (*m.*)
wart verruga (*f.*)
water regar (e>ie)
water (*n.*) aqua (*f.*)
weapon arma (*f.*)
wear usar, llevar puesto(-a),
  tener puesto(-a)
week semana (*f.*)
weigh pesar
weight peso (*m.*)
wheel rueda (*f.*)
wheelchair silla de ruedas (*f.*)
when? ¿cuándo?
where? ¿dónde?
while mientras
whiskey aguardiente (*f.*)
white blanco(a)
who quién(es)
widow viuda
widower viudo
wife esposa
wig peluca (*f.*)
will voluntad (*f.*)
window ventana (*f.*);
  ventanilla (*f.*)
windshield parabrisas (*m.*)
  — **wiper** limpiaparabrisas
  (*m.*)
wine vino (*m.*)
with con
within dentro, adentro
without sin
  — **fail** sin falta

witness   testigo (*m., f.*)
woman   mujer
work   trabajo (*m.*)
workshop   taller (*m.*)
worried   preocupado(-a)
worry   preocupar(se)
worse   peor
wound   herida (*f.*)
wrist   muñeca (*f.*)
write   escribir
  —down   anotar

X

X-ray   radiografía (*f.*)

Y

yard   patio (*m.*)
year   año (*m.*)
yellow   amarillo(-a)
yesterday   ayer
yet   todavía

young   joven
younger   menor

Z

zigzag   zigzaguear
zip code   zona postal
zone   zona (*f.*)
  parking —   zona de
  estacionamiento (*f.*)

Answer Key to the Crucigramas

LESSONS 1–5 *Horizontal:* 1. diabetes, 4. noche, 5. seguido, 7. inmigrante, 9. fuego, 10. ciudadano, 11. mesera, 13. semana, 16. sección, 18. dentro, 19. recepcionista, 22. enfermo, 24. alto, 27. médico, 28. aguja, 30. edad, 31. choque, 34. doblar, 35. droga, 36. quieto, 38. características, 39. correo, 40. resfriado, 41. varios. *Vertical:* 1. departamento, 2. sangre, 3. muchacha, 6. diario, 8. padres, 11. mediodía, 12. observo, 14. arresta, 15. césped, 17. carro, 20. calle, 21. patrullero, 23. marido, 25. comisaría, 26. medianoche, 29. accidente, 32. narcóticos, 33. banqueta, 37. socorro.

LESSONS 6–10 *Horizontal:* 3. entrada, 4. describe, 6. manejar, 7. medio, 10. zurda, 12. tatuaje, 15. ventana, 16. estatura, 17. adentro, 20. estacionado, 21. digitales, 23. abogado, 27. joven, 29. velocidad, 30. miré, 31. marrano, 34. contenido, 36. centro, 37. muestra, 39. ojalá, 40. dormitorio, 41. preocupadísimo, 42. rompió. *Vertical:* 1. negarse, 2. acompaña, 4. delgado, 5. licorería, 8. cantina, 9. pulgadas, 11. alfabeto, 13. rosado, 14. caso, 18. marrón, 20. extraño, 22. registro, 24. aliento, 25. agarra, 26. borracho, 28. vago, 32. averiguamos, 33. dedos, 35. informado, 38. apurado.

LESSONS 11–15 *Horizontal:* 1. carrocería, 3. desvié, 5. valor, 8. cabina, 9. testigos, 12. ciego, 15. escondieron, 18. epiléptico, 20. como, 22. pedazo, 23. dolor, 25. dosis, 26. anota, 28. puente, 30. equivocarse, 32. multa, 33. platicaba, 35. extinguidor, 36. mareado. *Vertical:* 2. apagan, 4. edificio, 6. acusaciones, 7. interrogan, 10. descompuesto, 11. película, 13. probar, 14. conmigo, 16. cuidado, 17. chocar, 19. efectos, 21. medio, 22. perderse, 24. chapa, 27. temblando, 29. ganga, 31. pasajero, 34. venda.

LESSONS 16–20 *Horizontal:* 5. cicatriz, 6. gente, 7. reciente, 10. mejilla, 11. ropa, 13. sucio, 15. oigo, 16. cálmese, 18. lunar, 20. fotografía, 21. apartamento, 25. mostrador, 27. quedarse, 28. esposas, 30. calcetines, 34. encontré, 36. golpeó, 38. calmante, 39. olvidar, 40. maletero, 41. ordenó, 42. defenderse. *Vertical:* 1. sandalias, 2. billetera, 3. asistimos, 4. ilegal, 5. cadena, 8. anteojos, 9. desayunamos, 12. apuntar, 14. nombró, 17. mientras, 19. mismo, 22. condado, 23. inmediatamente, 24. fianza, 26. luchan, 29. paso, 31. paramédicos, 32. lloró, 33. veneno, 35. estado, 36. gato, 37. bigote, 38. choque.